第二版

再不靠谱的问题也有最靠谱的答案

企业HR实用案例速解

北京外企人民调解委员会 / 编著

中国人民大学出版社
·北京·

图书在版编目（CIP）数据

再不靠谱的问题也有最靠谱的答案：企业HR实用案例速解/北京外企人民调解委员会编著. 2版. —北京：中国人民大学出版社，2015.5
ISBN 978-7-300-21222-7

Ⅰ.①再… Ⅱ.①北… Ⅲ.①企业管理-人力资源管理-劳动法-案例-中国 Ⅳ.①D922.505

中国版本图书馆CIP数据核字（2015）第085556号

再不靠谱的问题也有最靠谱的答案
——企业HR实用案例速解（第二版）
北京外企人民调解委员会　编著
Zaibukaopu de Wenti Yeyou Zuikaopu de Da'an

出版发行	中国人民大学出版社		
社　　址	北京中关村大街31号	邮政编码	100080
电　　话	010-62511242（总编室）		010-62511770（质管部）
	010-82501766（邮购部）		010-62514148（门市部）
	010-62515195（发行公司）		010-62515275（盗版举报）
网　　址	http://www.crup.com.cn		
经　　销	新华书店		
印　　刷	天津中印联印务有限公司	版　次	2015年2月第1版
规　　格	148 mm×210 mm　32开本		2015年5月第2版
印　　张	10.625 插页1	印　次	2023年3月第3次印刷
字　　数	230 000	定　价	75.00元

版权所有　侵权必究　印装差错　负责调换

前　言

这是一本关于劳动法律的轻松读本。

法律有自己的语言和逻辑，因而对于绝大多数非专业人士而言，通常是抽象的、晦涩的和枯燥的。

但在这里，你看到的则是一幕幕轻快与幽默的情景剧。这正是本书的特色。我们把抽象、晦涩和枯燥的法律"翻译"成了日常生活的话语与情境，或是用日常生活的话语与情境注解法律。这会给你一种轻松的阅读体验。

这是一本关于劳动法律的专业读本。

说它专业，是因为这是一本由专门从事劳动法律实践的专业团队写出的职务作品。

在这里，每一幕情景剧都源自于我们曾经处理过的上千件劳动争议中的真实案例。并且，在每一幕情景剧后，都有专业的法律评述与解读。这些评述与解读不仅是对于法律条文的阅读理解，而且是解决实践问题的法律方案与思路。

最后，这是一本关于劳动法律的普及读本。

法律只有存在于人们的心中，才是真正的活的法律。否则，法律只不过是生硬的条文和束之高阁的存在。法律需要一种有效的传播方式，以使人们易于理解与掌握。

我们希望能够通过这种把法律生活化与情境化的尝试，使得劳动法律能够得以更广泛的传播，使更多的读者在轻松阅读的同时把法律的指引留在心中。

目 录

一 说说入职那点事儿 ·· 1

 相见恨晚别冲动 ·· 3

  CASE 001 试用期能解除合同吗 ························· 4

  CASE 002 试用期内辞职，培训费用的赔偿问题 ······ 6

 缔约主体要弄清 ·· 12

  CASE 003 退休返聘员工的合同解除问题 ············· 14

  CASE 004 外国企业常驻代表机构可否聘用中方

        员工 ··· 17

  CASE 005 非全日制劳动用工应该如何操作 ··········· 19

  CASE 006 退休人员与用人单位应如何签合同 ········ 22

  CASE 007 在校大学生兼职应适用哪些法律 ··········· 24

 外国友人在北京 ·· 35

  CASE 008 聘用外籍员工是否适用中国的劳动法律 ····· 36

  CASE 009 外籍人员在我国工作需要办理就业

        许可证 ·· 37

  CASE 010 外籍人就业证到期或者被吊销后是否必须

        解除合同 ······································· 38

  CASE 011 是否应当为外籍人缴纳社会保险 ··········· 41

 规章制度是与非 ·· 48

CASE 012	用人单位可否对违纪员工采取罚款的处罚方式 ·········	50
CASE 013	未经民主程序是否意味着规章制度无效 ·········	52
CASE 014	员工出庭作证，单位可否算作旷工 ·········	54
CASE 015	遇到病假不断的员工怎么办 ·········	56

二 在职可是个大事儿 ········· 67

一分辛苦一分财 ········· 69

CASE 016	加班很辛苦，加班费怎么算 ·········	71
CASE 017	非全日制用工可以订立口头合同吗 ·········	74
CASE 018	特殊工时有加班费吗 ·········	76
CASE 019	加班是否有时限 ·········	78
CASE 020	加班补休，该休就休 ·········	79
CASE 021	在部分公民放假的节日正常工作的，是否有加班费 ·········	81
CASE 022	在部分公民放假的节日加班是否有加班费 ·········	83
CASE 023	劳动报酬应为税前还是税后 ·········	85
CASE 024	同工同酬学问大 ·········	87

我的假期谁做主 ········· 107

CASE 025	员工辞职，未休的年假怎么办 ·········	108
CASE 026	员工请了半年无薪事假，可否不安排当年年假 ·········	110

患病就医是权利 ········· 117

CASE 027	病假谁说了算 ·········	118
CASE 028	员工在医疗期满后继续请病假怎么办 ·········	120
CASE 029	如何证明员工医疗期满不能从事原工作 ·········	122

姐姐妹妹站起来 ··· 133
 CASE 030 生育津贴与产假工资是什么关系············ 135
 CASE 031 二胎标准及流产假期间生育津贴怎么
       确定····································· 137
 CASE 032 孕期病假怎么办······························ 139
 CASE 033 境外生育的生育津贴能领吗················ 140
 CASE 034 流产假有什么标准···························· 143
 CASE 035 因个人原因造成生育津贴无法领取，企业
       就已垫付费用可否追偿····················· 144
 CASE 036 产假期间工资如何发························· 145
 CASE 037 哺乳假能集中休吗···························· 147
 CASE 038 独生子女费当年未领取可否追溯········ 150
 CASE 039 放弃领取独生子女费能否休三个月产假······ 153
 CASE 040 产检是否应当正常支付工资················ 156

工伤员工伤不起 ··· 173
 CASE 041 上下班途中机动车事故能否认定工伤··· 174
 CASE 042 劳务人员因劳务工作受到损害，应如何
       处理····································· 176

领完年奖过大年 ··· 185
 CASE 043 企业是否有权决定发不发年终奖········ 186

三 离职可别摊上事儿 ·· 193
后会无期难再续 ··· 195
 CASE 044 终止通知能晚发吗···························· 197
 CASE 045 该不该签无固定期劳动合同················ 199
 CASE 046 企业维持原待遇续签劳动合同，员工不同意

		怎么办 ·································	202
	CASE 047	续签劳动合同时约定条件是否有变化，如何判断 ···················	204

和平分手益处多 ··································· 216

	CASE 048	解除协议未明示经济补偿金数额是否含税，税款应如何处理 ··············	217
	CASE 049	协商解除可否约定不支付经济补偿 ········	219
	CASE 050	协商解除的经济补偿是否有最高标准 ······	221
	CASE 051	协商解除协议能否提前半年签署 ·········	222
	CASE 052	经济补偿金应当如何计算 ··············	224

无药可救怎么办 ··································· 239

	CASE 053	体检指标可否作为录用条件 ·············	241
	CASE 054	在外兼职是否属于双重劳动关系 ·········	244
	CASE 055	"严重失职"中"职"的定义是什么 ·······	247
	CASE 056	请病假是否属于严重违纪 ··············	251

无可奈何话离愁 ··································· 263

	CASE 057	销售目标的变更是否需经员工重新确认 ····	265
	CASE 058	假条真伪如何确定 ····················	269
	CASE 059	OFFERLETTER 有怎样的效力 ············	272

该放手时要放手 ··································· 282

	CASE 060	何种情况下工龄应当连续算 ·············	284
	CASE 061	员工因个人原因辞职可否不提前 30 日通知单位	287
	CASE 062	"辞职申请"是辞职信吗 ···············	289
	CASE 063	"被迫辞职"的经济补偿包括 2008 年前的部分吗	293

CASE 064	未签合同是否属于"被迫辞职"的法定理由	294

四 其他问题也是事儿 ……………………………………… 305

送达之路不平坦 ……………………………………………… 307

CASE 065	签收了邮件可否视为认可了其中的内容	308
CASE 066	返岗通知有什么作用	309

竞业限制困与惑 ……………………………………………… 317

CASE 067	与员工约定保密义务是否需支付相应费用	318
CASE 068	因培训而约定的服务期限可否与劳动合同期限不一致	321
CASE 069	哪些员工可以约定竞业限制	324

一

说说入职那点事儿
SHUOSHUO RUZHI NADIAN SHIR

相见恨晚别冲动

员工：最近真是倒霉透顶，刚被原单位以严重失职为由解除，好不容易找到一份新的工作，结果一个不注意这新单位又以试用期不符合录用条件为由解除了我，是，我在试用期期间工作上有一些失误，但是录用条件在哪啊？我可从来没见过，再说，即便是我在试用期，公司也不能随便解除我啊！

人事：目前你确实处于试用期，试用期本来就是公司考察你的期间，觉得你不合适，就解除了与你的劳动合同。也不是没有依据，你看试用期里你小错不断的，以后还怎么继续工作下去啊。至于你说的录用条件，当时招聘的时候招聘广告里面都有啊，你不是看了招聘广告才投的简历吗？

↘ ①试用期内就只是试用一下而已吗

↘ ②员工离职后又入职且担任同一岗位，能再次约定试用期吗

↘ ③录用条件怎么体现

↘ ④试用期内参加培训后即辞职，单位能否要求员工支付违约金*

---

* 相关答案见下文"小结"部分。

✓ CASE 001 试用期能解除合同吗

J：Adam！有个问题跟你探讨，我朋友的公司最近有个案子，挺有趣的，我觉得咱们也有可能遇到。

A：嗯，你说吧。

J：他们公司最近有一个官司，员工诉他们违法解除劳动合同。

A：他们是依据什么解除的呢？

J：《劳动合同法》第三十九条呗，试用期不符合录用条件。

A：哦，据我所知，这个还挺难被证明的，因为录用条件这个评价标准比较主观。

J：是啊，所以员工就不同意了，但我觉得我朋友他们公司还是挺占理的。

A：怎么说？

J：是这样的，他们在试用期的培训结束后呢进行了一次考试，这个员工考试没有及格，他们公司《员工手册》里明确写明了，入职培训后的考试不能够达到60分，将被认为是不符合录用条件，公司可以依法解除。

A：哦，那这个写得算是挺明确的了。

J：你也觉得是吧，但员工说，他们的培训涉及许多和他自身业务不相关的内容，甚至还有企业着装要求之类的问题，这些都不应当成为对他进行是否符合录用条件评价的依据或参考。也就是这个考试的分数线不应当对所有业务人员都一致，而且他应聘的时候，职位描述也没有这样一个条件。

A：可是员工签署了员工手册啊，至少应该证明他认可这个规则啊。

J：我朋友他们公司也是这样说的，但员工手册签的时候就给他们拿了最后一页，也没有逐条说明，所以有重大误解。

A：哦，那这个案子是挺有趣的，有结果了么？

J：还没有。

> **一家之言**
>
> 依据《劳动合同法》第三十九条，以试用期不符合录用条件为由与员工解除劳动合同，需要对录用条件本身设置的合理性、合法性进行说明，同时对于员工的评价体系，即是否符合录用条件的评价体系应当尽可能减少主观意思表示。
>
> 评价工作必须在试用期期间进行，否则在试用期结束后，再对员工进行试用期期间的行为评价时，即便有充分客观的评价体系能够证明员工不符合录用条件，也超过了可以以此为由通知员工解除劳动关系并不支付经济补偿的时限。

CASE 002 试用期内辞职，培训费用的赔偿问题

J：Adam！今天收到一个刚做完入职培训的新员工的辞职信唉。

A：哦，这是人家的自由啊。

J：这个情况比较特殊，他们部门的入职培训都是特训的，在香港，花了部门不少成本呢！所以一开始的时候都签培训协议了。

A：那就按协议约定的来呗。

J：协议约定了服务期，也约定了违约责任。

A：那就让他承担违约责任呗。

J：但是部门还是更看重这个人，并不是为了那点培训费，想看能不能通过这个培训协议把人留住。

A：都什么年代了啊，法治社会！培训协议也不是员工的卖身契啊。

J：我也是这么跟他们讲的啊。而且还有个问题，员工现在不想赔这个违约金，说我们要想让他赔就去诉他好了。

A：等等，你刚才说他刚刚参加完入职培训？

J：对啊。

A：那应该是还在试用期内吧？

J：是啊。

A：那恐怕就难办了，因为如果是试用期内接受培训后辞职，员工是无须向公司赔偿培训费用的。

J：啊？还有这个规定啊！看来我要学习的还很多啊！
那如果超过试用期，他在接受培训后辞职了，如果他不同意支付违约金，我们可以不同意他辞职吗？

A：辞职是人家的权利，人家通知到你就意味着生效了，不需要你同意或不同意，你不同意也没用。

J：那要是遇到耍赖不给违约金的怎么办呢？

A：那就跟这次员工说的一样咯，走法律途径。

J：法律途径岂不是很麻烦。

A：是啊！所以才要把所有培训费用都留好证据，像那种乱开票的肯定不行！

一家之言

　　根据《劳动合同法》第三十七条，辞职是劳动者的基本权利，是可以基于劳动者的个人意志而实现的单方法律行为，一经发出，到达受送达人即发生法律效力，无须受送达人同意。

　　试用期期间的培训被认为双方考察对方的一种方式，员工可以据此考量用人单位的企业文化、业务结构、业务方向，用人单位可以通过培训及后续的考试更加深入地考评员工是否符合录用条件，在此期间员工可以提出辞职。

　　与前述试用期期间的培训不同，非试用期内的培训，用人单位被赋予与员工约定服务期的权利是对用人单位培训费用返还请求权的一种保护，其目的并非限制人身自由、择业自由，试用期的设置是劳动合同缔约双方各自对对方进行考察、衡量，相互磨合的一个阶段。因此，双方任何一方在此阶段认为对方不合适，都可以提出解除。

小 结

↳ ①《劳动合同法》第二十一条明确规定，在试用期中，除劳动者有本法第三十九条和第四十条第一项、第二项规定的情形外，用人单位不得解除劳动合同。用人单位在试用期解除劳动合同的，应当向劳动者说明理由。由此可见，《劳动合同法》对于试用期内的解除进行了明确规定，试用期也属于劳动合同期，除非发生法定理由，否则是不能随便解除的。

↳ ②《劳动合同法》第十九条规定了同一用人单位与同一劳动者只能约定一次试用期。因此严格按照法条理解，不管员工是否离职后又入职，也不管是否从事同一岗位，企业只能与同一员工约定一次试用期。

↳ ③录用条件应当是明确的和客观的，以便考核，且员工应当知悉，例如有员工的签字确认。

↳ ④根据《关于试用期内解除劳动合同处理依据问题的复函》的规定，在试用期内，单位出资（指有支付货币凭证的情况）对职工进行各类技术培训，即使员工提出与单位解除劳动关系，单位也不得要求员工支付该项培训费用。

温馨提示

录用条件应当是具体且明确的，同时录用条件还应当向员工公示过。因此开篇对话中人事提到的招聘广告是否视为录用条件，也应当从这两个方面考虑。

相关规定

CASE 001

《劳动合同法》

第三十九条　劳动者有下列情形之一的，用人单位可以解除劳动合同：

（一）在试用期间被证明不符合录用条件的；

（二）严重违反用人单位的规章制度的；

（三）严重失职，营私舞弊，给用人单位造成重大损害的；

（四）劳动者同时与其他用人单位建立劳动关系，对完成本单位的工作任务造成严重影响，或者经用人单位提出，拒不改正的；

（五）因本法第二十六条第一款第一项规定的情形致使劳动合同无效的；

（六）被依法追究刑事责任的。

CASE 002

《劳动合同法》

第二十二条　用人单位为劳动者提供专项培训费用，对其进行专业技术培训的，可以与该劳动者订立协议，约定服务期。

劳动者违反服务期约定的，应当按照约定向用人单位支付违约金。违约金的数额不得超过用人单位提供的培训费用。用人单位要求劳动者支付的违约金不得超过服务期尚未履行部分所应分摊的培训费用。

（第三款略）

第三十七条　劳动者提前三十日以书面形式通知用人单位，可以解除劳动合同。劳动者在试用期内提前三日通知用人单位，可以解除劳动合同。

《关于试用期内解除劳动合同处理依据问题的复函》劳动部办公厅（劳办发〔1995〕264号）

三、关于解除劳动合同涉及的培训费用问题

用人单位出资（指有支付货币凭证的情况）对职工进行各类技术培训，职工提出与单位解除劳动关系的，如果在试用期内，则用人单位不得要求劳动者支付该项培训费用。如果试用期满，在合同期内，则用人单位可以要求劳动者支付该项培训费用，具体支付方法是：约定服务期的，按服务期等分出资金额，以职工已履行的服务期限递减支付；没约定服务期的，按劳动合同期等分出资金额，以职工已履行的合同期限递减支付；没有约定合同期的，按5年服务期等分出资金额，以职工已履行的服务期限递减支付；双方对递减计算方式已有约定的，从其约定。

轻松一刻

李　雷：老婆，我今天面试了一个新工作。

韩梅梅：死鬼，总算不用在家吃软饭了。

李　雷：一签就是两年，从此踏上人生巅峰……不过试用期长了点，要6个月，不过我肯定顺利通过。

韩梅梅：笨，两年的合同最多也就2个月的试用期。

李　雷：哦，好复杂，还是吃软饭省心。

韩梅梅：小心我把你给休了！

李　雷：求老婆大人饶命！小的只是想给你一个人当牛做马嘛！

韩梅梅：少臭贫！小样儿，你也是有劳动合同的人了！快让我看看。哎?！你一个行政助理，怎么还不定时工作制？

李　雷：有问题吗？感觉这样很威武啊，想来就来，想走就走呗。

韩梅梅：别逗了，我告诉你吧，不定时工作制说白了就是一种随时安排工作的制度，只适用于一些特定岗位。你这岗位有经过审批吗？允许你来去自如吗？

李　雷：好复杂，老婆你等一下，我拿本记一下啊。我明天好好问问 Lisa。

韩梅梅：Lisa 是谁？长得漂亮吗？

李　雷：还行，挺不错的。

韩梅梅：滚出去！

缔约主体要弄清

员工： 最近实习中，幸运的是公司觉得我还不错，决定在我毕业后直接聘用我，公司和我签署了实习协议，但我昨天已经正式拿到学校发给我的派遣证了，让我交给现在所在的公司，公司也接收了，这是不是证明我已经不再是一名学生了，那么我现在是什么身份呢？公司是不是该和我签署劳动合同了？

人事： Dear，虽然你已经拿到派遣证了，但是尚未拿到学校的毕业证，这就意味着你还没有毕业，所以目前你的身份还是学生而不是正式劳动者。基于这种情况，咱们之间的实习协议还是有效的，等你拿到毕业证之后，公司会和你正式签署劳动合同的，所以你别着急哦。

- ①员工达到法定退休年龄后继续聘用的，可否沿用原来的劳动合同，不签署劳务协议
- ②外国企业驻华代表处可否与退休人员签订劳务协议
- ③可否与退休阿姨签订非全日制劳动合同
- ④可否与退休人员签劳务协议

- ⑤在校生可否主张未签合同双倍工资
- ⑥公司向员工发出 Offer letter（录用通知）后，与劳动合同约定不一致时，以哪个为准
- ⑦劳动者在达到法定退休年龄但未享受养老保险待遇期间，与用人单位是否是劳动关系

CASE 003 退休返聘员工的合同解除问题

J：Adam，有个退休返聘的员工，前两天来闹事儿。你不在，我先把他对付走了。

A：哦，怎么最近总是退休的出事儿呢！

J：可能舆论都在讨论，所以大家也就对这件事儿比较关注。

A：那这个员工具体什么情况？

J：咱们前一阵进行规范管理不是解除了一批劳务人员嘛。

A：对啊，咱们当时做得挺规范的啊，还书面发了通知，说要解除劳务协议。

J：是啊，今天这人嚷嚷着他不是劳务人员，说咱们违法解除。

A：咱们没跟他签劳务协议吗？

J：我后来查了一下，可能当时操作有失误，这个人确实没有签书面的劳务协议。

A：哦，那也没事儿啊，那就相当于是口头约定，一直实际履行嘛，也没有法律要求我们必须签订书面的劳务协议啊。

J：是啊，我也是这么说的，但是那老爷子说他当时写了一个延迟退休申请，手里还有哪个领导的签字说收到了。

A：延迟退休也不是咱们哪个领导能批的啊，他可够逗的。

J：可不是嘛！他就非说他写了这个，就以为劳动关系还延续着呢！

A：咱们和他的劳动关系的终止是由相关法律规定的，也不是咱们通知或者告诉他的，而且也不需要咱们通知他，法律在那摆着，每个公民都有获悉的可能性，所以只要是达到了退休条件，那就意味着劳动关系结束。至于事实上他还每天来公司上班这状态，只能认定为劳务关系。另外，这延迟退休的问题，国家都

缔约主体要弄清

没有明确的说法呢，写申请谁有权力给他批啊。

J：不过我突然想跟你讨论个问题。

A：啥问题啊？

J：就是咱们的劳务协议里面不是有约定说双方可以随时解除吗？

A：对啊。

J：但是这次这个事情，咱们不是没有跟老爷子签书面协议吗，那就意味着也没有这样的解除约定了，那算不算合同期内提前解除啊？

A：这倒是个好问题，不过我觉着咱们既然没有书面的任何约定，那就意味着连合同期限都没有，所以也就不应该存在什么合同期内提前解除。

J：那么咱直接通知人家解除这行为合法吗？

A：我印象是没有什么明确的相关规定，但他如果认为解除违法，也应该按照合同违约去诉咱们。

J：嗯，你这么说好像也是有道理的。

> **一家之言**
>
> 根据《劳动合同法》第四十四条和《劳动合同法实施条例》第二十一条，用人单位与达到法定退休年龄或已依法享受养老保险待遇的人员的劳动关系的终止是一种法定终止，在国家没有相关例外法规、规章、政策颁布前，或国家有权机关特别批准的，不以任何一方的意志或双方合意为转移。而劳动关系法定终止后，用人单位与相关人员继续保持的聘用关系应理解为双方之间的劳务关系，受《民法通则》《合同法》《侵权责任法》等相关法律法规调整，而《合同法》对于劳务合同并没有

15

特殊的形式要求*，故应当依据合同法对于合同形式的一般要求，即可以订立口头协议。对于未设立期限的合同，双方合同权利义务的终止应当以合同法的一般规定理解，按照合同法关于合同权利义务终止的规定，债务已按照约定履行，因劳务合同是双务合同，双方一方承担提供劳务的义务，一方承担对应给付金钱的义务，在合同未设立期限的情况下，双方每履行完一次对等义务，即劳务人员提供了劳务服务，单位支付了相应劳务费，就意味着双方债务已按照约定履行。

---

* 要式合同，是指法律、行政法规规定，或者当事人约定应当采用书面形式的合同，是根据合同的成立是否需要特定的形式而对合同进行的一种分类。

CASE 004　外国企业常驻代表机构可否聘用中方员工

前　台： 您好，这里是 ABCD 公司北京代表处。

老　王： 您好，我收到贵代表处的邀请，做你们的商务顾问。我想问一下：我的办公室安排好了吗？

前　台： 哦，王先生吧，您的办公室准备好了，但需要您先办理入职手续。

老　王： 还要办手续？这么复杂？那我应该到哪儿去办？

前　台： 您应该去为我们提供劳务派遣服务的机构去办理，他们会告诉您后续的流程。

老　王： 这关劳务派遣什么事啊，是你们首席代表亲自跟我谈的。

前　台： 不好意思啊王先生，我们是外国公司在北京的代表处，不能直接雇佣中国员工，我们雇佣您，必须通过当地的人才中介服务机构，由他们和您签署劳动合同，再派遣到我们公司工作。

老　王： 我就是你们聘的一个顾问，顾得上就问问，根本就用不着签什么合同，我一个礼拜顶多来你们这儿两天，如果平时有什么事儿，跟你们老板电话里就解决了，搞得这么复杂干什么？

前　台： 哦……这个我不能决定，按照我们的规定，您的人事手续是要通过劳务派遣机构办理的。

老　王： 我都 62 了，早退休了，养老金都拿两年了，哪儿还有什么人事手续啊！

前　台： ……

> **一家之言** 根据《国务院关于管理外国企业常驻代表机构的暂行规定》第十一条，常驻代表机构租用房屋、聘请工作人员，应当委托当地外事服务单位或者中国政府指定的其他单位办理。该规定不区分劳动关系和雇佣关系，无论代表处以哪一种方式聘请什么样的工作人员，全职或兼职，已退休或未退休的，均应当通过当地有资质的外事服务机构办理。

CASE 005 非全日制劳动用工应该如何操作

小　李：大姐，我是亮窗律师事务所律师李金银，看您刚从仲裁委出来，跟单位有官司了吧，我们所专门处理劳动争议的，代写诉状、代理开庭、免费法律咨询，咱进屋聊聊？

王大姐：你们真是免费咨询？

小　李：那还能有假?! 这大热天的，走，进屋，我给您倒杯水去！

王大姐：你们行吗？我听12333说现在有些黑代理不能信的……

小　李：这话怎么说的，我们正规律所，三证齐全，什么劳动合同法啊，年休假条例啥的我们都倒背如流啊，您就放心吧！大姐，受单位欺负了吧，我跟您说，《劳动合同法》第一百四十八条明确规定用人单位应当按时支付员工超时加班费，单位没给您发吧？现在这些个单位不给加班费的多了去了，您放心，咱告他，一告一准儿！

王大姐：嗨，小伙子，不是加班费，这事我问过12333了，人说我这样一个礼拜上6天班，每天上4个小时的，不用给加班费……

小　李：非全日制！非全日制用工是不是！

王大姐：是是是，好像是什么非全日制用工，大兄弟你还真挺靠谱的！

小　李：嗨，这一块都是当年我们考试时候最基本的内容了，这不前两天刚刚有个大姐咨询来着——您就说吧，我帮您分析分析！

王大姐：金银兄弟啊，是这样的，我原来那个单位效益不好，说什么经营性停产，给我放了长假，让我自己出去找活干。后

19

来我在家闲不住，就到了现在这个单位干点保洁的工作，像什么每天上班的时间啊、每小时给多少钱啊，当时都跟单位谈好了，可是也没签字画押，前两天单位负责人告诉我说下个月不用来上班了，我就想过来问问我能管单位要点补偿不。

小　李：大姐，先甭说补不补偿，我可以负责任地告诉您，单位没跟您签书面合同，就这一条您就能每月要出来多一倍的钱！

王大姐：真的假的？！能要这么多？

小　李：那可不咋的，《劳动合同法》第八十二条说了，单位没跟员工签书面合同的，应当每月支付额外一倍的工资！给，不信您看看法条！

王大姐：呦，还真是啊！能要这么多啊！

小　李：不光这个，虽然单位提前一个月通知您了，但他们没有任何理由就开除您，违反了《劳动合同法》第八十七条的规定，应当向您支付违法解除的双倍经济补偿！计算方式在这里……

王大姐：金银兄弟你可真厉害，我今儿真是来对了，那现在咱们是一告一准儿吧？

小　李：那可不，必须告他们！对于这种黑心企业绝对不能姑息养奸，必须让他们尝尝法律的厉害！

王大姐：那成，大姐我这事就交给兄弟你了！对了，我这边还有一个大姐，也是被那黑心单位开除了，但是她已经退休了，好像跟单位还签了个劳务协议什么的，她也能告吗？

小　李：没问题啊大姐，包在小弟身上了，还真不是跟您吹，您看看我们墙上这些个锦旗，什么"正义卫士"啊、"十佳律所"啊、"救死扶伤"啊，多了去了，还有好多我们都没地方挂了。专业是什么？这就是专业！您就放心吧！

王大姐： 得嘞，也不能让你白忙活，多少钱你说吧，大姐出得起！

> **一家之言**
>
> 　　根据《劳动合同法》第六十八条至七十二条，非全日制劳动用工，双方无需订立书面非全日制劳动合同，任何一方均可以随时通知对方终止用工，用人单位无需向劳动者支付经济补偿。
>
> 　　正式退休人员与用人单位的雇佣关系不受《劳动法》及《劳动合同法》调整，用人单位无须与其订立劳动合同，已经签订的劳务协议合法、有效，单位不存在支付解除劳务协议补偿金的法定义务。

CASE 006　退休人员与用人单位应如何签合同

老　姜：请问你是人力资源部的看地王吗？

Cindy：大爷您好，我姓王，叫新地，不叫看地！请问您找我什么事情啊？

老　姜：哦，姑娘，我是来找你签劳动合同的。

Cindy：劳动合……同？您这岁数还找工作呐！！

老　姜：瞧你这姑娘说的，我可是你们公司刚聘请的营销顾问嘞！

Cindy：哦，我想起来了，张总昨天跟我交代过了，您就是姜大爷啊！

老　姜：嗨，还是大爷！算了，小姑娘岁数小，我就不跟你计较了，咱赶紧把合同给签了吧！

Cindy：大爷，您现在已经开始领退休金了吧？

老　姜：是啊，你看你们公司请了我多划算啊，五险一金啥都不用给我上，省钱省大发了啊！赶紧签合同吧。

Cindy：大爷，像您这种情况，咱直接签劳务合同就行了，不用签劳动合同了。

老　姜：啊！你可别蒙我啊，我找人问过了，劳动合同可是分全日制、非全日制、定时、不定时好几种呢！像我这种顾问，有事儿来没事儿不用来的，应该跟我签非全日制劳动合同才对。劳务合同？那是体力劳动者签的吧！

Cindy：大爷，多亏您不是我们公司的法律顾问，不然全得乱套喽。像您这种情况啊，我们公司只能和你签劳务合同……

> **一家之言**
>
> 根据《劳动合同法》第四十四条，劳动者开始依法享受基本养老保险待遇的，劳动合同终止。《劳动合同法实施条例》第二十一条规定，劳动者达到法定退休年龄的，劳动合同终止。本案中老姜已经退休，用人单位与其之间的关系已经不属于劳动关系，双方之间应当按照雇佣关系处理。雇佣关系主要受民法调整，例如《民法通则》及《最高人民法院关于审理人身损害赔偿案件适用法律若干问题的解释》。双方发生争议时，不以劳动仲裁为诉讼的先置程序，强调意思自治*，双方权利义务关系以双方口头或书面的具体约定为准。

---

* 意思自治指民事活动应当遵循自愿原则，具体在合同缔约方面的要求体现为：当事人依法享有自愿订立合同的权利，任何单位和个人不得非法干预。

CASE 007　在校大学生兼职应适用哪些法律

玲　　玲：姐，我出去找工作被一个公司给骗了。你是大外企的人力资源部经理，天天处理这方面的事儿，你赶紧给我出出主意啊！！！！

玲玲姐姐：怎么啦这是？别着急慢慢说。

玲　　玲：我今年大四不是没什么课了么，就找了个单位实习，工作一个多月了一分钱工资都没发给我，我上网一百度才知道，这单位违法的地方多了，不仅不发工资有问题，连劳动合同都没跟我签，按照相关规定他们还得给我双倍工资呢，我顿时就觉得亏大了，赶紧就去劳动争议仲裁委立案申请要求赔偿，可是劳动仲裁委居然说不符合立案标准，不能给我立案，这是咋回事啊？他们不会是在骗我吧！

玲玲姐姐：你先别生气，你这种情况啊，确实不归劳动仲裁管……

玲　　玲：不可能啊，我百度了，满18岁就属于完全行为能力人了，打工是合法的。

玲玲姐姐：你别着急啊，我也没说你打工不合法，你付出劳动，合法获取报酬不违反法律。但是呢，在咱们国家，没毕业的在校大学生实习只能与公司形成劳务关系，不属于劳动关系。劳务关系是不受劳动合同法的保护的，自然就不存在需要给你双倍工资的问题了。劳动争议仲裁委当然也无权处理你这种争议了……

玲　　玲：啊……我的妈呀，那我岂不是白给他们干了一个多月，我的工资怎么办呀？

缔约主体要弄清

玲玲姐姐： 哎……你这种情况呀，咱只能去法院申请民事诉讼把工资要回来了……

> **一家之言**
>
> 我国现有的法律法规中没有对在校大学生在外实习作出明确的规定和保护，目前可以参考的文件是 1995 年劳动部下发的《关于贯彻执行〈中华人民共和国劳动法〉若干问题的意见》，其中第十二条规定：在校生利用业余时间勤工助学，不视为就业，未建立劳动关系，可以不签订劳动合同。也就是说，在校大学生兼职是不受《劳动合同法》的保护的。
>
> 大学生只要通过付出自己的劳动、获取报酬就是劳动者，并不违反法律。但大学生与实习单位之间应该是一种劳务关系，而非劳动关系。
>
> 劳务关系是指两个或两个以上平等主体之间，一方提供劳务，另一方提供报酬。为了保护大学生兼职工作，学生实习期间可以与单位签订劳务合同，通过合同的约定来保护大学生的合法权益。这个合同受《合同法》《民法》的保护，而非《劳动合同法》。

小 结

- ①员工达到退休年龄且享受养老保险待遇后，其与单位之间已不再是劳动关系，而是变为劳务关系，受《民法通则》《合同法》等相关法律法规调整，对于劳务合同并没有特殊的要式要求。

- ②《关于管理外国企业常驻代表机构的暂行规定》中明确规定常驻代表机构租用房屋、聘请工作人员，应当委托当地外事服务单位或者中国政府指定的其他单位办理，这里所指的聘用工作人员是包含退休人员的。

- ③非全日制用工属于劳动合同法规范的内容，而退休员工与用人单位之间已不再是劳动关系，不再受到劳动法律法规的调整。

- ④用人单位可以和退休人员签署劳务协议。

- ⑤在校生利用业余时间实习，与单位之间并未建立劳动关系，而未签劳动合同双倍工资是《劳动合同法》针对劳动关系主体所规定的权利义务，因此在校大学生利用业余时间实习是无法依据《劳动合同法》主张未签劳动合同双倍工资的。

- ⑥Offer letter（录用通知）的法律性质是企业希望和应聘者订立劳动合同的意思表示。劳动合同属于明确劳动者与用人单位之间权利义务的合同，由于存在主体的特定性，所以具有一定的身份属性，是双方劳动关系建立、履行、终止的书面依据。因此对于劳动关系来讲，劳动合同的效力是高于Offer letter（录用通知）的，当二者出现不一致的时候，即使未作约定，也应当以劳动合同为准。

⑦《最高人民法院关于审理劳动争议案件适用法律若干问题的司法解释（三）》中规定：用人单位与其招用的已经依法享受养老保险待遇或领取退休金的人员发生用工争议，向人民法院提起诉讼的，人民法院应当按劳务关系处理。也就是说，虽然达到退休年龄了，但是如果没能享受到社会养老保险待遇的话，与用人单位之间仍然可能被认定为劳动关系。如员工申请延迟退休且获得了主管机关的批准，则理应视为劳动关系并未依据《劳动合同法》第四十四条第（二）项终止。

温馨提示

在员工未毕业之前以及退休后，与企业之间是劳务关系，不适用劳动法律的调整。

相关规定

CASE 003

《劳动合同法》

第四十四条 有下列情形之一的，劳动合同终止：

（一）劳动合同期满的；

（二）劳动者开始依法享受基本养老保险待遇的；

（三）劳动者死亡，或者被人民法院宣告死亡或者宣告失踪的；

（四）用人单位被依法宣告破产的；

（五）用人单位被吊销营业执照、责令关闭、撤销或者用人单位决定提前解散的；

（六）法律、行政法规规定的其他情形。

《劳动合同法实施条例》

第二十一条 劳动者达到法定退休年龄的，劳动合同终止。

《合同法》

第十条 当事人订立合同，有书面形式、口头形式和其他形式。

法律、行政法规规定采用书面形式的，应当采用书面形式。当事人约定采用书面形式的，应当采用书面形式。

第九十一条 有下列情形之一的，合同的权利义务终止：

（一）债务已经按照约定履行；

（二）合同解除；

（三）债务相互抵销；

（四）债务人依法将标的物提存；

（五）债权人免除债务；

（六）债权债务同归于一人；

（七）法律规定或者当事人约定终止的其他情形。

CASE 004

《最高人民法院关于审理劳动争议案件适用法律若干问题的解释（三）》

第七条 用人单位与其招用的已经依法享受养老保险待遇或领取退休金的人员发生用工争议，向人民法院提起诉讼的，人民法院应当按劳务关系处理。

第八条 企业停薪留职人员、未达到法定退休年龄的内退人员、下岗待岗人员以及企业经营性停产放长假人员，因与新的用人单位发生用工争议，依法向人民法院提起诉讼的，人民法院应当按劳动关系处理。

《国务院关于管理外国企业常驻代表机构的暂行规定》

第十一条 常驻代表机构租用房屋、聘请工作人员，应当委托当地外事服务单位或者中国政府指定的其他单位办理。

《对外贸易经济合作部关于审批和管理外国企业在华常驻代表机构的实施细则》

第二十九条 外国企业常驻代表机构的首席代表和代表必须具备下列资格：

一、持合法普通护照的外国公民（不含外国在中国的留学生）；

二、在境外已经获得外国长期居住资格的中国公民；

三、持有效证件的港澳同胞、台湾同胞；

四、外国企业聘请中国公民（不含本条第二款所指中国公民）

任其常驻代表机构的首席代表或代表，必须委托当地外事服务单位或中华人民共和国政府指定的其他单位，根据中华人民共和国有关法律和法规办理申报手续。

《北京市人民政府关于外国企业常驻代表机构聘用中国雇员的管理规定》

第五条　外国企业常驻代表机构招聘中国雇员，必须委托外事服务单位办理，不得私自或者委托其他单位、个人招聘中国雇员。

第六条　中国公民必须通过外事服务单位向外国企业常驻代表机构求职应聘，不得私自或者通过其他单位、个人到外国企业常驻代表机构求职应聘。

第七条　外事服务单位向外国企业常驻代表机构提供的中国雇员，必须符合下列条件：

（一）具有本市常住户口或者已经取得本市公安机关核发的《暂住证》；

（二）符合有关法律、法规的其他规定。

第八条　外事服务单位应当按照《中华人民共和国劳动法》的规定与中国雇员签订劳动合同，并依法为中国雇员缴纳社会保险费用。

外事服务单位与中国雇员发生劳动争议，应当按照《中华人民共和国劳动法》的规定处理。

第九条　外事服务单位应当自签订劳动合同之日起15日内向市工商行政管理局申请领取《雇员证》或者《代表证》，办理登记，并向市公安局备案。

《雇员证》和《代表证》是中国雇员在外国企业常驻代表机构中工作的合法凭证。未取得《雇员证》或者《代表证》的中国公民，不得在外国企业常驻代表机构中工作。

第十条　外事服务单位采取通过大众传播媒体或者举办招聘会、洽谈会、交流会等方式为外国企业常驻代表机构招聘中国雇员提供服务的，必须依照本市的有关规定，到人事局、市劳动局办理审批手续。

《广东省外国企业常驻代表机构聘用中国雇员管理规定》

第十一条　外国企业常驻代表机构聘用中国雇员，必须委托涉外就业服务单位办理，不得私自或者委托其他单位、个人招聘中国雇员。

第十二条　中国雇员必须通过涉外就业服务单位向外国企业常驻代表机构求职应聘。

第十三条　涉外就业服务单位与中国雇员建立劳动关系应当依照中华人民共和国的有关法律法规签订劳动合同，并依法为中国雇员缴纳社会保险费用。劳动合同由劳动行政部门鉴证。

CASE 005

《劳动合同法》

第六十八条　非全日制用工，是指以小时计酬为主，劳动者在同一用人单位一般平均每日工作时间不超过四小时，每周工作时间累计不超过二十四小时的用工形式。

第六十九条　非全日制用工双方当事人可以订立口头协议。

从事非全日制用工的劳动者可以与一个或者一个以上用人单位订立劳动合同；但是，后订立的劳动合同不得影响先订立的劳动合同的履行。

第七十条　非全日制用工双方当事人不得约定试用期。

第七十一条　非全日制用工双方当事人任何一方都可以随时通知对方终止用工。终止用工，用人单位不向劳动者支付经济补偿。

CASE 006

《劳动合同法》

第四十四条　（具体内容参见 CASE 003）

《最高人民法院关于审理劳动争议案件适用法律若干问题的解释（三）》

第七条　（具体内容参见 CASE 004）

《劳动部关于实行劳动合同制度若干问题的通知》

第十三条　已享受养老保险待遇的离退休人员被再次聘用时，用人单位应与其签订书面协议，明确聘用期内的工作内容、报酬、医疗、劳保待遇等权利和义务。

CASE 007

《关于贯彻执行〈中华人民共和国劳动法〉若干问题的意见》

第12条　在校生利用业余时间勤工助学，不视为就业，未建立劳动关系，可以不签订劳动合同。

轻松一刻

李　　雷：老婆，昨天咱俩说的关于不定时那事，我问 Lisa 了。

韩梅梅：她怎么说的？

李　　雷：是她们搞错了，我这个岗位叫那什么综合计算工时。喏，你看改过来了。我这回长记性了，特意看了公司的审批表。

韩梅梅：还没笨到家……

李　　雷：嘿，虽然不是不定时工作制，但我作息时间是不是也挺灵活的？

韩梅梅：灵活什么呀，你们公司是要给你排班的！

李　　雷：排班？听着就感觉暗藏玄机啊。

韩梅梅：我懒得和你说了，你明天上班看见排班表就知道了。

李　　雷：哦，不对，我今天好像看见排班表了，跟天书似的。我就没往心里去。

韩梅梅：你那心眼都被糨糊封住了，是进不去。

李　　雷：我不是有心嘛，你看，我照下来了，你给我看看就行了！

韩梅梅：你这不明天就得上班嘛！你自己看看！

李　　雷：啊？明天周六明明不是放假吗？怎么还让我上班啊？不幸福。

韩梅梅：领教了吧。这就是综合计算工时制的威力啊。

李　　雷：那他们必须给我加班费！！

韩梅梅：你不懂综合计算工时，如果在整个综合计算周期内的实际平均工作时间总数不超过该周期法定标准工作时间总数，只是该综合计算周期内的某一具体日（或周，或月，或季）超过法定标准工作时间，其超过部分不应视为延长工作时间。也就没有加班费。

李　雷：啥叫综合计算周期啊？法定标准工作时间是神马啊……

韩梅梅：举个例子吧，假设你们的综合计算周期是以月为单位，则对应的该周期法定标准总工作小时数大约是 167 小时，所以只要你在这个月内的总工作时间不超过 167 小时，就没有加班费。

李　雷：也就是说我周六日上班，并不意味着一定会有加班费啦？

韩梅梅：对啊，综合综合，就是把周六日也综合进去啦。不看你每天上多久，也不看你周六日是否上班，而是看整个周期的工作小时数是否超过了总量。

李　雷：老婆，那我周六日又不能陪你了。

韩梅梅：没事。

李　雷：有你真好，谢谢你的理解。

韩梅梅：我看上了一款包，咱们晚上就去把它拿下。

李　雷：……我问问 Lisa 能不能安排我其他时间上班，等我信儿啊。

外国友人在北京

员工： 嫁给我的美国 darling 后,我的国籍也变成了美国籍,本来是好事,但是最近比较困扰我的是我的社保问题、劳动关系问题,还有我与公司的劳动合同是否还有效呢?我的社会保险缴纳以及申领是不是要变化呢?还有,我的年假医疗期还享受中国的劳动法律保护吗?最主要的是我生二胎是不是不受计划生育的限制啦?

人事： 首先恭喜你新婚快乐。确实如你所说,你的身份由于加入美国国籍而发生变化,首先由于咱公司是在境内注册的公司,而且你仍然在国内上班,所以可以肯定的是你和咱们公司签署的劳动合同是仍然有效的,但是社会保险缴纳制度应当适用外籍人社会保险程序了。另外,你的福利待遇还是适用中国劳动法律,不过二胎制度,哦,这个有点复杂……

↳ ①外国人与境内主体签署的劳动合同是否有效
↳ ②与企业签订劳动合同的外籍人是否适用劳动合同法
↳ ③是否可以借调外籍人
↳ ④外籍人的就业证到期后或被吊销后是否必须解除劳动合同
↳ ⑤是否应当为外籍人缴纳社会保险

CASE 008　聘用外籍员工是否适用中国的劳动法律

小　李： 老婆，我们公司可能快要完蛋了，今天开了一个老外总监，过几天会不会轮到我啊？

老　婆： 别胡思乱想了！不过老外总监工资那么高，拿到的经济补偿得高得吓死人吧……

小　李： 什么经济补偿啊？公司 HR 说老外不是中国公民，不适用《劳动合同法》呀！

老　婆： 你们公司的 HR 也太不像话了，这不是欺负人家老外不懂嘛！法律有明文规定："用人单位与被聘用的外国人发生劳动争议，应按照《中华人民共和国劳动法》和《中华人民共和国劳动争议调解仲裁法》处理。"

小　李： 是嘛？那我明天要不要告诉那老外去呀？

老　婆： ……　……

> **一家之言**
>
> 根据《劳动法》第二条、第三条以及《劳动合同法》第二条的规定，劳动关系的用人单位一方应为在中国境内的企业、个体经济组织或民办非企业单位，劳动者一方应年满 16 周岁且未达到法定退休年龄。劳动者不区分国籍，外国人同样可以成为在中国境内的劳动者，依法享有劳动权利并履行劳动义务。用人单位聘用外籍人且属于劳动关系的，应当按照劳动法、劳动合同法、社会保险法等相关规定向外国人支付工资、为其缴纳社会保险，在劳动关系的建立、变更、解除及终止方面，均应遵守上述相关相关规定的要求。外国人在中国境内的个人所得税方面的优惠待遇，不影响其享受劳动权利和履行劳动义务。

CASE 009　外籍人员在我国工作需要办理就业许可证

H：Adam，我朋友的公司最近聘请了一个外国人，做 IT 咨询的，我跟他商量好了，借调到咱们这一段时间，你看看跟他联系一下，给他办一下手续。

A：老板，这件事情恐怕不妥吧？

H：没关系，我朋友的公司不会跟我有争议的，你放心吧。

A：老板，我指的还不是这方面。

H：那你说什么不妥？

A：据我了解，外籍人在国内工作需要办理就业证，您朋友的公司如果是合法用工，那应该已经为他办理了就业证，那么就业证上显示的单位应该是您朋友的公司，如果他来到咱们公司工作，那意味着他实际工作的单位和他就业证上显示的单位是不一致的，这就不仅给咱们公司，也给您朋友的公司和那个老外都造成了法律风险。

一家之言

根据《外国人在中国就业管理规定》第十六条，外国人就业许可证上所记载的工作单位和就业范围必须与其工作的实际情况严格一致，否则就业证所记载的单位、外国人实际工作单位，外国人本人均有违法风险，且有可能被出入境管理部门处罚。

CASE 010　外籍人就业证到期或者被吊销后是否必须解除合同

J：Adam！Sales 那边有个销售顾问 William，你知道吧？

A：知道啊，上海那边的，加入澳大利亚国籍那个。怎么啦？

J：咱们上个月给部门发了邮件，让他们确认这个人需不需要继续办理就业证，他们一直没回复。

A：现在想要继续聘用 William 了？

J：是啊，可是现在就业证已经过期了，咱们应该怎么办呢？

A：那还能怎么办，只能终止合同了，要不咱继续用就是非法用工了。

J：那之后再重新申请就业证？

A：对啊。

J：不能延期么？

A：好像有一些地区可以在过期之后的 1~3 个月之内还能续延，但是也要交罚金的！北京都不知道给不给交罚金的机会！

J：那咱这解除算怎么解除啊，咱们和他之间是不是也适用《劳动合同法》？

A：是要适用啊，但咱们不是和他签的劳动合同里有约定"因就业证或签证到期，劳动合同终止"吗。

J：劳动合同不是约定终止条件无效吗？

A：原则上说是，但咱们这不是特殊情况嘛，咱约定终止要是违法，那咱们就只能选择去违反就业管理规定了，这显然也不能。

J：那咱们这种终止需要像普通终止一样给经济补偿吗？

A：咱们劳动合同约定的支付经济补偿金的情形是包含这个情况的，

当时的考虑也是认为咱们本来也有要去办就业证的义务，造成过期也多少有咱们的责任嘛，而且就像你说的，咱们本来就是约定终止，就有可能不符合相关规定，要是再没有经济补偿金，那就更不可能被法律认可了啊。

J：那要是他自己因为各种自身原因被吊销就业证了呢？

A：那我觉得咱们应该可以不支付经济补偿解除，一方面是管理规定要求咱们这么做，另一方面这是由于他自身的过错导致合同不能继续履行嘛。

J：哦，也是啊！既然咱们讨论到了外籍人的问题，正好我这还有一个别的部门的问题呢。

A：你说呗！

J：咱们有个部门想招一个在中国留学的大学生实习，我觉得只要是在中国境内、教育部认可的大学提供在校证明就行，但是毕竟他是外籍人嘛，这还需不需要或者能不能办理就业证呢？

A：我记得以前也签过这么一个实习生，倒是不用办，也办不了就业证，但是这类学生的签证要求有公安局的一个章，记载实习的地方、时间之类的。

一家之言

有关外籍人员的聘用，涉及国家安全及国家入境管理政策，因此，用人单位与外籍劳动者之间的劳动关系在受到劳动法律法规调整的同时，还受中央或地方政府有关出入境管理等法律、法规、规章的调整。例如，上海市劳动局《关于贯彻〈外国人在中国就业管理规定〉的若干意见》规定，外籍人员和用人单位之间的劳动合同享有更高程度的意思自治,即解除或终止条件亦可约定,并不局限于劳动合同法的范畴。此规定虽仅为地方性规范,但制定方向具备一定的参考价值。因外籍人员在履行劳动关系的过程中涉及证件问题,且合法有效的证件是双方劳动关系存续的前提,若劳动合同的缔约主体一方处于非法状态,那么合同也有可能被认为是违反法律、法规从而导致无效。

CASE 011　是否应当为外籍人缴纳社会保险

H：Adam，我看这个月你报给我的人员成本，咱们上个月刚聘请的那个外国专家怎么还有社会保险费用支出呢？外籍人能上社会保险吗？他上了保险以后也有可能享受不了，上了有什么用呢？

A：老板，根据中国的相关规定，外籍人是应当缴纳社会保险的，至于他是否真的能够享受社会保险带来的各项福利那恐怕是国家制度方面的问题了。

H：我怎么记得以前没有这种规定啊！

A：以前确实没有，但2011年《社会保险法》的颁布改变了之前的状况。

> 一家之言
>
> 外籍人应当依法缴纳社会保险，但具体缴纳方式及享受以及离境时费用返还等问题应当依据各地具体实施细则确定。

小 结

- ①鉴于用人单位在境内注册,且劳动关系在境内履行,即使员工是外国人,也受到中国劳动法律法规的保护,因此双方签署的劳动合同也要受到中国法律调整,只要符合法律规定即是有效的。
- ②只要用人单位是中国境内的企业、个体经济组织或民办非企业单位,即使劳动者是外籍人,双方的劳动关系也应当适用《劳动合同法》。
- ③根据《外国人在中国就业管理规定》,外国人就业许可证上所记载的工作单位和就业范围必须与其工作的实际情况严格一致,而外籍人的借调可能导致二者不一致,存在违法风险,故用人单位不可以借调外籍人。
- ④根据相关法律法规及政策规定,外籍人的就业证是劳动关系存续的前提,因此如果就业证到期后或被吊销,因一方主体的不适格也可能导致劳动关系被认定为违法。
- ⑤《社会保险法》明确规定外国人在中国境内就业的,参照本法规定参加社会保险。

温馨提示

如果因外国人、港澳台地区居民未依法办理"外国人就业证""台港澳人员就业证"的,导致其与用人单位签订的劳动合同变为无效劳动合同,虽然双方之间的劳动关系无效,但双方之间仍存在雇佣关系,外国人、我国港澳台地区居民已经付出劳动的,单位仍应参照合同约定支付劳动报酬。

相关规定

CASE 008

《劳动合同法》

第二条（第一款）　中华人民共和国境内的企业、个体经济组织、民办非企业单位等组织（以下称用人单位）与劳动者建立劳动关系，订立、履行、变更、解除或者终止劳动合同，适用本法。

《外国人在中国就业管理规定》

第二十二条　用人单位支付所聘用外国人的工资不得低于当地最低工资标准。

第二十六条　用人单位与被聘用的外国人发生劳动争议，应按照《中华人民共和国劳动法》和《中华人民共和国企业劳动争议处理条例》处理。

CASE 009

《外国人在中国就业管理规定》

第五条　用人单位聘用外国人须为该外国人申请就业许可，经获准并取得《中华人民共和国外国人就业许可证书》（以下简称许可证书）后方可聘用。

第二十四条　外国人在中国就业的用人单位必须与其就业证所注明的单位相一致。

外国人在发证机关规定的区域内变更用人单位但仍从事原职业的，须经原发证机关批准，并办理就业证变更手续。

外国人离开发证机关规定的区域就业或在原规定的区域内变更用人单位且从事不同职业的，须重新办理就业许可手续。

CASE 010

《外国人在中国就业管理规定》

第五条 （具体内容参见 CASE 009）

第二十五条 因违反中国法律被中国公安机关取消居留资格的外国人，用人单位应解除劳动合同，劳动部门应吊销就业证。

第二十六条 （具体内容参见 CASE 008）

第二十七条（第一款） 劳动行政部门对就业证实行年检。用人单位聘用外国人就业每满 1 年，应在期满前 30 日内到劳动行政部门发证机关为被聘用的外国人办理就业证年检手续。逾期未办的，就业证自行失效。

《劳动合同法实施条例》

第十三条 用人单位与劳动者不得在劳动合同法第四十四条规定的劳动合同终止情形之外约定其他的劳动合同终止条件。

《出境入境管理法》

第六十二条 外国人有下列情形之一的，可以遣送出境：

（一）被处限期出境，未在规定期限内离境的；

（二）有不准入境情形的；

（三）非法居留、非法就业的；

（四）违反本法或者其他法律、行政法规需要遣送出境的。

其他境外人员有前款所列情形之一的，可以依法遣送出境。

被遣送出境的人员，自被遣送出境之日起一至五年内不准入境。

第八十条 外国人非法就业的，处五千元以上二万元以下罚款；情节严重的，处五日以上十五日以下拘留，并处五千元以上二万元以下罚款。

介绍外国人非法就业的，对个人处每非法介绍一人五千元，总额不超过五万元的罚款；对单位处每非法介绍一人五千元，总额不超过十万元的罚款；有违法所得的，没收违法所得。

非法聘用外国人的，处每非法聘用一人一万元，总额不超过十万元的罚款；有违法所得的，没收违法所得。

第八十一条　外国人从事与停留居留事由不相符的活动，或者有其他违反中国法律、法规规定，不适宜在中国境内继续停留居留情形的，可以处限期出境。

外国人违反本法规定，情节严重，尚不构成犯罪的，公安部可以处驱逐出境。公安部的处罚决定为最终决定。

被驱逐出境的外国人，自被驱逐出境之日起十年内不准入境。

《外国人入境出境管理条例》

第二十二条　持学习类居留证件的外国人需要在校外勤工助学或者实习的，应当经所在学校同意后，向公安机关出入境管理机构申请居留证件加注勤工助学或者实习地点、期限等信息。

持学习类居留证件的外国人所持居留证件未加注前款规定信息的，不得在校外勤工助学或者实习。

《关于贯彻〈外国人在中国就业管理规定〉的若干意见》（上海市劳动局）

十六、用人单位与获准聘雇的外国人之间有关聘雇期限、岗位、报酬、保险、工作时间、解除聘雇关系条件、违约责任等双方的权利义务，通过劳动合同约定。

二十七、对于就业期满继续聘雇，逾期三个月以内（含三个月）申办就业证延期手续的外国人及用人单位，在经市公安部门依法给予处罚以后按照本意见第十八条规定延长其就业证期限；逾期三个月以上的，不予延长就业证期限。

CASE 011

《社会保险法》

第九十七条　外国人在中国境内就业的，参照本法规定参加社会保险。

外国友人在北京

轻松一刻

李　雷：老婆，Lisa 说了，可以调到下周二上班。

韩梅梅：周二？周二是劳动节啊。

李　雷：劳动节不是大家都休息吗，我还上班啊。哼，也没有加班费……

韩梅梅：这个有，这个真的有加班费。

李　雷：啊？你不是说了吗，神马只要不超过总的小时数都没有加班费。

韩梅梅：我昨天忘了说了，像什么春节呀、元旦呀、劳动节呀这些法定节假日，是不在综合计算周期范围之内的。

李　雷：太深奥了，说直白点吧。

韩梅梅：比如即便你周六日上班，但其他时间进行了倒休，那么从整个周期的角度而言，你并没有超时工作对不对？

李　雷：嗯呐。

韩梅梅：而如果安排你在法定节假日上班，是不能通过其他时间的倒休予以折抵的，工作了多长时间就等于多超时工作了多长时间，也就意味着要给多长时间的加班费。

李　雷：老婆，真对不起。好不容易赶上一个节日，本来想带你去一些大城市转转的，比如铁岭。

韩梅梅：没事，还有加班费呢。从这个角度讲，我倒希望每天都是劳动节、每天你都加班、每天都给我去挣加班费。去吧，去尽情挥洒你青春的汗水吧。

李　雷：劳动节，去劳动；劳动者，最美丽！

规章制度是与非

员工：今天竟然收到公司给我发的一个警告，说我累计三天迟到，记我旷工一次。这未免也太严格了吧。再说哪里写着迟到三天就旷工啊？去找人事理论，哼。

人事：员工手册中对于什么是旷工解释得非常清楚，其中就包括累计三天迟到的情形。建议你回去好好学习员工手册，你可是签字确认收到员工手册并且认可同意遵守的哦。

- ①如何对规章制度进行公示
- ②规章制度的制定需要经过哪些民主程序
- ③如果未经过民主程序是否意味着规章制度就无效
- ④员工在员工手册（其中含有劳动纪律）签收表中声明"已阅读员工手册且同意员工手册的内容"是否意味着已经征询过员工意见进而视为经过了民主程序
- ⑤规章制度的调整是否也要像制定时一样经过民主程序
- ⑥如果用人单位在规章制度中与员工约定了"罚款"之类的处罚权，且员工确认，是否合法

↘ ⑦英文的规章制度能否作为企业用工管理的依据

↘ ⑧员工出庭作证,单位是否能够按照旷工处理并扣发一天工资

↘ ⑨单位可否在员工手册中规定连续休病假达到一定天数的属于违反劳动纪律

CASE 012　用人单位可否对违纪员工采取罚款的处罚方式

J：Adam！有个员工今天签员工手册的时候对其中的一个条款产生了疑问，但她也没有太激烈，所以我就搪塞过去了，但我也有点想不通，所以想跟你讨论一下。

A：哪个条款啊？

J：就是那个迟到或早退要罚款50元，一个月连续5次以上还要按严重违纪处理，单位有权解除劳动合同。

A：她觉得不合理？

J：对啊，她说公司没有权力罚款。

A：嗯，那个条款的设计我个人也是觉得有问题的。劳动法要求用人单位依法制定自己的规章制度，但好像没有哪个法律授权单位可以对员工进行罚款。

J：那她签字了不就意味着她认同了嘛，那在公司和她之间就形成约束力了啊，我记得你之前给我讲过这个！

A：我是给你讲过，但具有约束力的前提是双方之间的约定合法有效，现在这个罚款的规定很难被证明为合理、合法，这也就意味着有可能约定无效，因为没有法律授权我们可以对员工进行罚款。

J：也就是说，有可能签了白签?!

A：可以这么理解吧，就是只能在形式上形成一种威慑，但如果实际处罚了，而且最后还解除了，那很有可能被认定为无效。

J：那看来公司还是应该想一些正向鼓励的方式让大家都能够认真、积极工作啊！

A：是啊，正好咱们可以把这次的事情反映一下，也许能推动员工手册的修改！

规章制度是与非

> 一家之言

针对员工罚款形式的处罚主要体现在《企业职工奖惩条例》中，但是随着该条例的废止，上述"处分"的合法性已经不复存在。而根据我国《宪法》规定：公民合法私有财产不得被侵犯。罚款，从某种意义上讲，就是剥夺公民的财产权，属于一种财产罚的范畴。依照《立法法》和《行政处罚法》的规定，对财产的处罚只能由法律、法规和规章设定，这也就意味着仅仅国务院部委和省级地方政府以上的行政机关或权力机关有权设定，而用人单位无权在规章制度中设定罚款条款，除非有相关法律法规的明确授权。

就现有法律、法规、规章来看，《劳动法》和《劳动合同法》规定对于劳动者严重违反法律、规章制度以及严重失职、营私舞弊给用人单位造成重大损害、违反保密义务或竞业限制等行为，用人单位只能采取解除劳动合同、要求劳动者赔偿损失以及按约定支付违约金等措施，而不能采取罚款的处罚。《工资支付暂行规定》中也有相应要求员工赔偿经济损失的规定，但前提是员工要给用人单位造成"经济损失"，并且用人单位负有举证责任。所以该条规定与罚款的合法性没有任何关系，是一种基于财产损失的赔偿行为。实践中，有些单位认为只要用人单位制定了完善的规章制度并经民主程序和事先告知员工的情形下即为有效，所以用人单位可以设定"罚则"，但是该规定涉嫌违反了"用人单位的规章制度不得违反法律、法规的规定"，因此仍然存在风险。

用人单位对于员工的"处罚"，最好的体现方式是采用各种逆向奖励的方式，比如设立"全勤奖"，针对无迟到早退、无事假等现象予以发放，而对于那些存在迟到早退及请假旷工等行为的，则可以不发该笔全勤奖。

CASE 013　未经民主程序是否意味着规章制度无效

J：Adam，咱们公司的规章制度好像是英文的吧！

A：是啊，怎么啦？

J：哦，上周你不是安排我去听了一个优化企业人力资源管理的培训嘛。

A：啊，想起来了，有什么收获吗？

J：嗯，那个老师很有经验，分享了很多案例，其中就有一个企业和员工关于英文规章制度的争议。

A：是嘛？分享一下。

J：主要就是那个企业的所有规章制度都是全英文的，员工又签字认可收到这个规章制度并接受管理，后来这个企业就依据规章制度中的某一条，以严重违反劳动纪律为由和员工解除了劳动合同，之后员工就提起劳动争议仲裁要求裁决解除违法，赔偿双倍经济补偿。

A：所以这个规章制度拖后腿了？

J：是啊，员工要求确认规章制度无效，认为单位解除劳动关系没有任何依据。

A：那这个企业没有举证么？

J：举证了，问题就出现在举证上。由于是翻译件，所以整个规章制度的翻译都非常难理解，特别是用以和员工解除的那个条款，和英文表达有所偏差，而且由于是英文的规章制度，单位很难证明该制度的制定是经过了民主程序。

A：所以最后单位败诉跟这个有关？

J：听老师讲，裁决文书中倒是没有明确说关于规章制度的问题，

规章制度是与非

单位败诉的焦点在于其解除员工的理由与员工所从事的违纪行为不太吻合，但是裁决也表达了对没有中文译本的规章制度所进行的公示程序的质疑。

> **一家之言**
>
> 规章制度是用人单位用工管理的依据，其适用的前提是规章制度本身须符合《劳动合同法》第 4 条的规定，应经民主程序讨论，并公示或告知员工。法律并未限制企业以英文的规章制度实施用工管理。但是，在劳动争议当中，非中文的诉讼文件都必须经过有资质的翻译机构翻译。因此，英文的规章制度在劳动争议案件中不能作为证据直接使用。此外，由于语言及理解的差异性，特别是受到翻译者对法律术语及公司政策的熟悉和认知程度的制约，很难保证译文与英文规章制度的原意是完全一致的，进而可能增加诉讼风险。建议企业在制定规章制度时，尽量以中文书就，并向员工进行公示或告知。

CASE 014　员工出庭作证，单位可否算作旷工

J：Adam 啊，有个部门问了个问题，我把握得不太准……

A：想讨论一下？说呗！

J：他们部门的一个员工明天想请假，说是要去法院出庭作证，部门不想给这个假。

A：法院要求作证都不给假啊？那他们还想干点啥？

J：不知道怎么想的，可能最近是忙季，人手本来就不够，一个人都离不开吧。

A：那员工要是非得去呢？他们难道打算记人家旷工？！

J：他们可能也没想那么远。我是觉得这个假还是应该给的，但好像一时半会又想不出应该依据什么理由。

A：这个情况肯定是要允许员工去作证的，而且不能按事假的方式扣除工资，所以这相当于是法律要求企业在这种时候给员工相应时间的带薪假使他能够履行自己的法定义务。

J：哦！法定义务！你这个理由听起来比较有说服力！

A：不仅如此，如果我没记错的话，这个在相关规定中叫做"应被算作劳动时间"，你觉不觉得耳熟？

J：好像是对女员工产检的规定有跟这个类似的表述。

A：嗯，所以从某种意义上说，这个可以比照理解。

> 一家之言
>
> 依法出庭作证是每个公民的法定义务，因此公司应当批准员工请假去出庭作证，且从严格意义上讲，这应当被视为正常提供了劳动，从立法本意的角度讲，参加选举活动、各级组织的会议、工会活动等时间都应当被视为一种法定的，不因员工或单位单方意志而改变的期

间,也是公民、党员、工会委员或职工代表等履行法律义务的必要方式,是一种社会责任。而企业作为社会经济活动中的一个参与者,也应当尽到一定的社会义务,这种义务的表现形式之一就是让员工能够尽到自己应尽的社会责任。

但是,员工在此过程中发生的交通费、住宿费等费用则应依据其出席的社会活动的情形由不同责任主体承担。如其依法出庭作证,那么依据《最高人民法院关于民事诉讼证据的若干规定》第五十四条第三款的规定,"证人因出庭作证而支出的合理费用,由提供证人的一方当事人先行支付,由败诉一方当事人承担"。

CASE 015　遇到病假不断的员工怎么办

小　　刘：经理啊，最近销售部反映他们部门一个员工已经休了三个月病假了，问咱们能不能想想办法解决这事？

经　　理：能联系上员工吗？

小　　刘：能联系得上，病假条也每周都往单位寄。

经　　理：那你就谈协商解除吧。

小　　刘：协商解除？我最近又翻了好几遍《劳动合同法》，第四十条不是规定了这种情况单位可以直接解除吗？

经　　理：直接解除？没你想的那么简单的！你知道第四十条是怎么写的吗？前提一，员工患病或者非因工负伤；前提二，员工医疗期满；前提三，不能从事原工作；前提四，不能从事单位另行安排的工作。前三个前提是员工需要满足的状态，第四个前提是单位需要做的动作，哦，忘了说了，要想证明员工不能从事原工作以及另行安排的工作，还需要进行劳动能力鉴定，如果员工不配合怎么办？这些问题你都想过没有？

小　　刘：还真没有，看来要想满足《劳动合同法》第四十条所规定的条件，还真不是一件容易的事情。

经　　理：不光如此，你知道前面那些前提都满足了，还需要做什么吗？其一是单位需要按工作年限支付员工经济补偿，其二是提前30天通知员工解除劳动合同，或者额外支付员工一个月工资。

小　　刘：还需要提前一个月通知啊？

经　　理：而协商解除呢？只需要你动动嘴皮子，当天谈成当天解除，虽然比正常的工作年限要多支付一些经济补偿，但与其中省下的时间和人力成本相比，这点小钱真的就不算什么了，况且这个员工早一天离职，单位还能早一天招进新人，从而更快为单位创造效益，现在你想想哪种方式更合适？

小　刘：看来以后碰到这种情况我就直接尝试协商解除了，但是如果员工就是不同意协商怎么办啊，咱不能一直跟他耗下去吧？

经　理：这其实就是企业和员工的博弈了，嘴皮子功夫可不是一天两天能练出来的，你好好学着吧。

小　刘：经理，您看我这么笨，这一两天也学不会，我想了一个更简单的法子。您看啊，咱们不如直接在员工手册里规定连续请病假3个月的属于严重违纪，单位可以直接解除劳动合同并不支付任何经济补偿，这样的话连钱都不用给了。

经　理：年轻人，你又很傻很天真了。单位劳动纪律和规章制度怎么能这么规定呢？员工自身的健康状况怎么能作为评价员工是否违反劳动纪律的标准呢？这样的员工手册必然是违反相关规定，不受法律保护的，带来的结果只能是单位违法解除劳动合同，支付员工双倍经济补偿，或者继续履行劳动合同并补发争议期间的原工资。

小　刘：我错了经理，是我自己异想天开了，以后我一定踏踏实实跟您学习，一步一个脚印好好工作。

一家之言

　　劳动关系的解除,是法定解除,即非相关规定的情形,不得解除。实践中用人单位经常在选择劳动关系解除的事由上产生困惑。依据《劳动合同法》第四十条的规定,以医疗期满不能从事工作或者不胜任工作为由解除劳动合同,用工方在解除程序即对解除事由的证明方面受到很多限制。

　　休病假超过公司规定的天数,能不能作为公司纪律来约束劳动者?这是一个关于"劳动纪律"如何理解的问题。一般的,纪律是一种行为规则,用来规范劳动者工作过程中的行为。生病需要休养,是劳动者的自然生理状态,该状态很难通过行为来控制,不宜作为纪律进行限制。

小　结

↘ ①规章制度公示的方式有多种，一般来说，电子证据效力较低，张贴方式有"不便举证"的缺点，比较可行的做法是进行当面宣讲培训（有书面记录）、书面阅读确认等。

↘ ②根据《劳动合同法》的规定，规章制度应当经过职工代表大会或者全体职工讨论，提出方案和意见，与工会或者职工代表平等协商确定。

↘ ③"如果未经过民主程序是否意味着规章制度一概无效？"不可一概而论。用人单位在《劳动合同法》实施前制定的规章制度，该规章制度的内容不违反法律、行政法规的规定，不存在明显不合理情形，且已经向劳动者公示的，可以作为处理劳动争议的依据。

↘ ④规章制度的制定以及公示是两个不同的程序，不能混为一谈。

↘ ⑤规章制度的调整属于变更的一种，也需要经过法定的程序。因此规章制度发生调整也需要经过全体职工或者职工代表大会讨论通过。

↘ ⑥《工资支付暂行规定》中"因劳动者本人原因给用人单位造成经济损失的，用人单位可按照劳动合同的约定要求其赔偿经济损失"的规定与罚款的合法性没有任何关系，是一种基于财产损失的赔偿行为。因此，用人单位在规章制度中与员工约定了"罚款"之类的处罚权是没有法律依据的。

↘ ⑦法律并未限制企业以英文的规章制度实施用工管理。但是一旦发生劳动争议，非中文文件必须经过翻译，由于语言的差异性，翻译文本和中文难免产生歧义，因此建议规章制度尽量以中文书就。

⑧依法出庭作证是每个公民的法定义务，据此应当被视为正常提供了劳动。企业因此按照旷工处理是不合理的。

⑨员工生病需要休养，是劳动者的自然生理状态，即使企业在员工手册中规定"连续休病假达到一定天数的属于违反劳动纪律"且员工同意该规定，该条款也由于本身的不合理而无效。

温馨提示

实践中，企业的规章制度往往页数非常多，难以由员工逐页签字，因此很多企业采用员工阅读签收回执的方式。但是一旦产生争议，员工往往仅承认本人签收页，而不认可规章制度的内容。针对该情形，企业需要就规章制度的内容与签收页的连贯性进行举证，如规章制度装订成册，等等。

相关规定

CASE 012

《劳动法》

第四条 用人单位应当依法建立和完善规章制度,保障劳动者享有劳动权利和履行劳动义务。

《劳动合同法》

第四条 用人单位应当依法建立和完善劳动规章制度,保障劳动者享有劳动权利、履行劳动义务。

用人单位在制定、修改或者决定有关劳动报酬、工作时间、休息休假、劳动安全卫生、保险福利、职工培训、劳动纪律以及劳动定额管理等直接涉及劳动者切身利益的规章制度或者重大事项时,应当经职工代表大会或者全体职工讨论,提出方案和意见,与工会或者职工代表平等协商确定。

在规章制度和重大事项决定实施过程中,工会或者职工认为不适当的,有权向用人单位提出,通过协商予以修改完善。

用人单位应当将直接涉及劳动者切身利益的规章制度和重大事项决定公示,或者告知劳动者。

《宪法》

第十三条(第一款) 公民的合法的私有财产不受侵犯。

CASE 013

《劳动合同法》

第四条 (具体内容参见 CASE 012)。

CASE 014

《民事诉讼法》

第七十五条（第一款） 凡是知道案件情况的单位和个人，都有义务出庭作证。有关单位的负责人应当支持证人作证。

《劳动法》

第五十一条 劳动者在法定休假日和婚丧假期间以及依法参加社会活动期间，用人单位应当依法支付工资。

《工资支付暂行规定》

第十条 劳动者在法定工作时间内依法参加社会活动期间，用人单位应视同其提供了正常劳动而支付工资。社会活动包括：依法行使选举权或被选举权；当选代表出席乡（镇）、区以上政府、党派、工会、青年团、妇女联合会等组织召开的会议；出任人民法庭证明人；出席劳动模范、先进工作者大会；《工会法》规定的不脱产工会基层委员会委员因工作活动占用的生产或工作时间；其他依法参加的社会活动。

CASE 015

《劳动合同法》

第三十九条 劳动者有下列情形之一的，用人单位可以解除劳动合同：

（一）在试用期间被证明不符合录用条件的；

（二）严重违反用人单位的规章制度的；

（三）严重失职，营私舞弊，给用人单位造成重大损害的；

（四）劳动者同时与其他用人单位建立劳动关系，对完成本单位的工作任务造成严重影响，或者经用人单位提出，拒不改正的；

（五）因本法第二十六条第一款第一项规定的情形致使劳动合同无效的；

（六）被依法追究刑事责任的。

第四十条 有下列情形之一的，用人单位提前三十日以书面形式通知劳动者本人或者额外支付劳动者一个月工资后，可以解除劳动合同：

（一）劳动者患病或者非因工负伤，在规定的医疗期满后不能从事原工作，也不能从事由用人单位另行安排的工作的；

（二）劳动者不能胜任工作，经过培训或者调整工作岗位，仍不能胜任工作的；

（三）劳动合同订立时所依据的客观情况发生重大变化，致使劳动合同无法履行，经用人单位与劳动者协商，未能就变更劳动合同内容达成协议的。

第四十二条 劳动者有下列情形之一的，用人单位不得依照本法第四十条、第四十一条的规定解除劳动合同：

（一）从事接触职业病危害作业的劳动者未进行离岗前职业健康检查，或者疑似职业病病人在诊断或者医学观察期间的；

（二）在本单位患职业病或者因工负伤并被确认丧失或者部分丧失劳动能力的；

（三）患病或者非因工负伤，在规定的医疗期内的；

（四）女职工在孕期、产期、哺乳期的；

（五）在本单位连续工作满十五年，且距法定退休年龄不足五年的；

（六）法律、行政法规规定的其他情形。

轻松一刻

李　雷：老婆你猜今儿谁给我打电话了？

韩梅梅：是不是蓝翔啊，看出来你比较适合开挖掘机了？

李　雷：别闹，你肯定猜不出来，是 Lucy！

韩梅梅：Lucy？LiLy's sister？她们姐俩不在咱们这上完小学就回去了吗。来北京作甚？你们见面了没有啊？

李　雷：没有啊，你不是说单独见异性要报你批准嘛。她来北京做交换生，一下飞机就傻了，说北京发展太快了，想以后在这工作生活。

韩梅梅：还工作生活，就她那半吊子中文……我记得小时候我说要送她大麻花，她转脸就告老师说我教唆她吸毒！

李　雷：她在那边一直上孔子学院，现在中文比我还好，成语张嘴就来。对了，她还问了问咱们俩的情况，知道你是专家，所以咨询你如果真的想在咱这边工作，需要做什么准备？

韩梅梅：肯定要持有工作签证，还要办就业许可什么的。

李　雷：外国人的话不用上社保了吧？

韩梅梅：也要上，但是缴纳流程和咱们不太一样。咦，打听这么细干什么，感觉你很上心啊？

李　雷：这不是一次都把问题整明白，省得和她老联系让你误会。哎，女人就是会瞎疑心。

韩梅梅：怪你太优秀嘛。对了，Lucy 坐了那么久飞机，气色怎么样啊？

李　雷：气色还行！——老婆，我咋感觉又往你挖的坑里跳了呢？我老实交代，是见过，但不像你想的那样，啊啊啊啊……

在职可是个大事儿
ZAIZHI KESHIGE DASHIR

一分辛苦一分财

员工：最近很多朋友聚会都参加不了了，因为每天都工作 10～12 个小时，真是忙死了。不过我的工作一向是这样，忙的时候忙死，闲的时候闲死，就是不知道这样的工作状态下是否可以向公司要求加班费呢？

人事：正如你所说"忙的时候忙死，闲的时候闲死"，这是典型的综合工时制的特征，根据相关规定并结合您的岗位特征，公司与你约定的是综合工时制度，综合工时制度是不产生周末加班的，但是有可能产生平时加班和法定节假日的加班，确实复杂，看来我需要向大家统一讲解一下。

↳ ①在连续休假的节假日中，企业如果安排员工加班，加班费如何计算

↳ ②非全日制每日工作时间

↳ ③特殊工时可否只通过劳动合同约定

↳ ④安排标准工时员工加班，是否有加班时长的限制

↳ ⑤周末加班，安排员工调休，但是员工仍然上班，是否还需要支付加班费

↘ ⑥28 岁以下员工在青年节正常提供劳动的，是否需要支付加班费，妇女节正常劳动且在 8 小时外额外工作的是否支付加班费

↘ ⑦法定节假日员工加班后可否安排调休而不支付加班费

↘ ⑧合同中约定的劳动报酬应当为税前或税后

↘ ⑨同工同酬如何理解

↘ ⑩对于综合工作制，可能会产生哪些类型的加班

↘ ⑪对于不定时工作制，可能会产生哪些类型的加班

CASE 016　加班很辛苦，加班费怎么算

小会计： Hello! Cindy，不好意思打扰你一下，有个事想咨询你一下。

Cindy： 好啊，你说吧。

小会计： 10 月份的工资好像给我发少了啊……

Cindy： 基本上这个不太可能发生。不过没关系，咱们来核对一下，你觉得哪儿少了？

小会计： 是这样的，国庆节不是放 7 天假么，那期间我加了 4 天班呢，可是我算了一下，加班费好像没给够哦……

Cindy： 你是哪 4 天加班了呢？

小会计： 2、3、4、5 这四天。

Cindy： 我先查一下你的考勤啊。

　　　　……　……

Cindy： 查清楚了，你这 4 天的加班费啊，得分 3 个部分算……

小会计： 啊！我连着加了 4 天班，按相关规定给我 4 天 3 倍的加班费就对了啊，还分什么几个部分？有这么复杂么？

Cindy： 哦，主要是你加班的这个日子比较复杂，得分着算。

小会计： "十一"期间是法定假期啊，有什么复杂的啊？

Cindy： 根据国务院的放假办法，"十一"的法定节假日是 3 天，其他那 4 天是前后的周末休息日凑在一起一块儿放的，所以要分开计算。

小会计： 那就是说，10 月 2 日、3 日是给我发 300％的加班费，4 日、5 日发 200％是吧？

Cindy： 是这样计算的。

小会计：那发给我的金额也不对啊……

Cindy：你先别急啊,这不刚给你查完么。"十一"假期过后你有补休过一天吧?

小会计：有啊,补休了一天。难道补休就不用给加班费了么?

Cindy：是的,根据相关规定,如果是休息日加班的话,可以选择安排劳动者补休,不能安排补休的,才支付加班费,即工资的200%的劳动报酬。因为你已经补休了一天,所以你"十一"加的这4天班,有两天可以得到300%的加班费,1天200%,还有1天是没有加班费的。

小会计：好的,这样我就清楚多了,我再算算啊……
……………

小会计：等等,Cindy,金额还是对不上啊……

Cindy：我看看你是怎么算的啊?

小会计：用我每月的工资总额除以20.83得出每天的工资额,再用这个数乘以相应的倍数啊……

Cindy：嗨,你的除数用错了!根据人社部的规定,20.83是你的月平均工作天数,但是在计算你的日工资时需要用到的是月计薪天数,这个数是21.75。也就是说,你要用你的月工资除以21.75,得出来的数才是你的日工资金额。

小会计：哎呀,真够复杂的!得亏我是个会计,不然一定被你绕晕了。

Cindy：不是我绕啊,国家的法律法规就是这么规定的啊……

小会计：好吧,我回家再消化消化。哦,还有个问题:加班费也要缴个人所得税吗?

Cindy：是的。只有按照国务院规定发给的政府特殊津贴、院士津贴、资深院士津贴以及国务院规定免纳个人所得税的其他补贴、津贴才不需要缴纳个人所得税，加班费不在这个范畴内，是需要并入工薪收入依法缴纳个人所得税的。

> **一家之言**　根据《全国年节及纪念日放假办法》、《个人所得税法》及《关于工资总额组成的规定》，加班费属于工资薪金所得，应当缴纳个人所得税。国庆长假的七天中，只有三天为法定假日，其他四天为补休的休息日，法定假日的加班费按照法定假日的标准计算，休息日的加班费按照休息日的标准计算。

CASE 017　非全日制用工可以订立口头合同吗

HR：　　王姐，您明天就可以正式过来上班了。

王阿姨：哦，那我是上你这儿来报到么？

HR：　　不是，您明天直接到物业领取工作服，目前给您安排的工作时间是早上9：00～10：00，下午14：00～15：30。

王阿姨：那十点开始到两点之间，我有地方待着么？

HR：　　物业那边有一个保洁人员的休息区。

王阿姨：那咱们公司有食堂么？

HR：　　哦，有，但是因为您是非全日制工作人员，所以我们不为您提供餐补，您可以自费办理食堂的餐卡。

王阿姨：那我可以回家吃午饭么？

HR：　　当然可以，您十点钟到下午两点之间都不是上班时间，您可以自由安排。

王阿姨：那给我上社会保险么？

HR：　　我们会给您缴纳工伤保险，其他保险的费用都包含在您的工资里面了。

王阿姨：哦，那我是不是得签个劳动合同啊？以前在别的单位干，都是要签合同的。

HR：　　王姐，您是非全日制工作制，非全日制是可以订立口头合同的。

王阿姨：口头合同是啥啊？录音啊？

HR：　　不是，就是不用订立书面合同，您每半个月领一次工资就行了。

王阿姨：我的工资不是按天给的么？

HR： 是按天计算的，但是我们是每半个月给您发放一次。

> **一家之言**
>
> 　　根据《劳动合同法》第六十八至七十二条，非全日制用工，是指以小时计酬为主，劳动者在同一用人单位一般平均每日工作时间不超过 4 小时，每周工作时间累计不超过 24 小时的用工形式。虽然《劳动合同法》规定非全日制劳动合同可以以口头形式约定，但从相关实践来看，建议双方书面约定，以免履行过程中针对一些问题发生分歧。

CASE 018 特殊工时有加班费吗

小　刘：为什么上个月没有给我发加班费？

HR：上个月没有你的加班记录。

小　刘：不可能，我在系统上按时填报提交了加班记录表，我还打印出来一份呢！

HR：哦，那个记录是你自己填写的，没有获得你的主管上司批准。

小　刘：加班还要批准么？难道我工作之前还要去找主管请示，问他我是不是应该开始工作？

HR：你别激动，刚入职的时候公司不是也给大家培训过么？公司尊重员工的休息时间，所以鼓励大家在标准工作时间内完成工作，不提倡加班，如果加班的话，应该获得公司的批准。

小　刘：Ok，我现在是没批准，但我已经加班了，这个事实是不能否定的。

HR：非常抱歉，没有你的主管确认，我们也不能确定您加班的情况。

小　刘：太过分了，你们可以调出来我的上下班打卡记录，上边记载了我在公司的工作时间。

HR：那只是你出入公司的时间记录，并不能反映你工作的实际状况。而且，根据你的岗位，你执行的是特殊工时，公司可以不支付加班费的。

小　刘：什么特殊工时？没有人跟我说过什么特殊工时。

HR：这是你的劳动合同，你看第二页，你的岗位是行政助理，实行"不定时工时制"。

> **一家之言**
>
> 特殊工时制度包括不定时工作制以及综合计算工时工作制。
>
> 特殊工时制度的执行需要满足以下条件：
> （1）劳动行政主管部门的审批；
> （2）与劳动者协商后，劳动者同意执行，通常表现为通过劳动合同或其他书面文件约定。
>
> 但并非所有岗位申请不定时或综合工时制均可获得批准，还需符合相关法律法规对岗位类型的限制要求。

CASE 019 加班是否有时限

B：Adam 你好，我这个月的加班申请单为什么申请不了了呢？

A：估计是你的加班已经超过每月加班的总时间限制了吧！我帮你查一下。嗯，这里显示你本月的加班时间达到了上限，所以不能再申请加班了。

B：哦？加班时长还有限制么？

A：是啊，每天不超过 3 小时，每月不超过 36 小时。

B：那我写一个自愿加班的申请也不行吗？

A：不行。

> **一家之言**　依据劳动法律、法规规定，用人单位安排劳动者加班应当与劳动者协商，且不得超过相关规定的每日、每月总时长限制，超过即意味着违法。根据《劳动法》第九十条，用人单位将因此承担违法责任，且该责任并不能够因劳动者本人的意愿而被排除。

CASE 020 加班补休，该休就休

B：Hi，Adam！我这个月的加班费是不是算错了啊！

A：应该不会，你等我查一下你提交的OT单（加班申请单）。

B：嗯，按照我自己算的应该是有一个周六的加班没有算加班费。

A：我再给你重新算一遍，4天周末加班按200%算，10小时延时加班是150%，最后是1370元，没错呀。

B：不对啊，我算的是5个周末加班啊。

A：我看看啊。哦，你有一个周末加班已经安排补休了，公司就不应当再向你支付加班费了。

B：可是我补休的那天实际没休啊。

A：但是你看一下这个休息安排表，安排你是在周三补休的上个周六的加班，你自己也签字确认了嘛。这不是你签的字吗？

B：是我签的。我本来也是要休的，但我后来又有事情了，就直接干到下班了，没休。

A：这样啊。但是按照公司的规定，公司已经安排你补休了，但你自己接受了安排又不休的话就确实不是公司的问题了。

B：可我干的事情也是公司的工作啊！

A：公司也有自己的管理制度，这样也是防止一些不服从公司日常管理安排，而执意要求更多加班费的人。

B：但我真不是为了这点加班费不补休的。你还不了解我吗？！

A：我明白你的意思，但是公司规定肯定是要一视同仁的，以后安排补休了而且你也签字了的情况下，就该休就休吧，把临时来的工作交代给别的同事就好了。

一家之言 根据《劳动法》第四十四条，周末存在加班，用人单位有权选择支付加班费或安排员工补休这两种方式对员工的加班行为进行补偿。而如果单位已安排补休，但员工不接受，仍然来上班，可以视为其放弃周末加班的补休权利，只要用人单位能够有证据证明已经安排过员工补休但员工不接受该安排，是可以不予支付加班费的。

CASE 021　在部分公民放假的节日正常工作的，是否有加班费

小　刘：经理啊，刚才销售部的五朵金花把我给围了！

经　理：又欺负人家小姑娘了吧？你小子不是有小红了吗，怎么还拈花惹草，而且还是咱自己公司的同事。你不想干了吧？

小　刘：经理啊，这回真不关我事。那五个女人平时傲娇得很，根本不给我近身的机会啊！

经　理：行了，到底什么事？

小　刘：是这样的，经理，上个月不是妇女节么，那天其他部门的女同胞下午都放了半天假，他们销售部因为要谈一个大单子，下午照常上班来着，这不今天发了上个月的工资，她们不干了么。

经　理：怎么了，难道没发工资？

小　刘：工资是发了，但是她们说因为那天是法定节假日，她们没放假正常上班的话，应该发半天3倍工资，说是加班费。

经　理：那你怎么说？

小　刘：哪有我说话的机会啊，她们一人一句说我是资本家的帮凶，残酷剥削劳动者，说这是侵犯人权的行为，我哪还敢接茬啊。

经　理：看把你吓的，我告诉你，妇女节属于部分公民放假的节日，跟通常上我们理解的全体公民放假的法定节假日是不一样的，如果该员工当天没有放假正常上班的话，相

81

关规定只需正常支付当天的劳动报酬,是无须支付额外加班费的。

小　刘:经理啊,您真是大神啊,这个规定在哪个法条上写的啊?

经　理:你回去查一下劳社厅函[2000] 18号发的关于部分公民放假有关工资问题的函,就都知道了。

小　刘:原来是这样啊,看来以后妇女节要是赶到周末就好了,她们销售部周末总是加班的,这样的话连周末加班费都能省了,看她们还傲娇个头!

经　理:想什么好事呢。部分公民放假的节日要是赶到周末的话,员工上了班还是要支付加班费的,回去好好看看法条!

一家之言

根据《全国年节及纪念日放假办法》,部分公民放假的节日或纪念日,员工选择继续工作的,没有规定需要支付加班费,但如果员工在当日超出法定工作时间工作的,仍应当正常计算延时工作的加班费。如果员工主张休假,但公司不批准其休假,则不批准的行为欠缺合法性,如员工在此情形下自行休假,则不宜视为旷工。

CASE 022　在部分公民放假的节日加班是否有加班费

小　呆：Hello! Cindy，你好，我上个月的加班费计算好像有点问题，跟我自己算的金额有出入，我想找你核实一下。

Cindy：好的，小呆，你觉得哪有问题？

小　呆：是这样的，按照我的计算方法，好像少发给我了半天的加班工资。

Cindy：哦，是么？这是你上个月的加班记录表，你先来核对一下吧。

小　呆：找到了。妇女节那天下午女同胞们都放假半天。我们部门有个特急的活，经理没让我走，一直加班到九点呢！

Cindy：哦，那就没问题了，是你自己多算了。像妇女节、青年节这种只有部分特定人群放假的节日，符合放假条件但是照常工作的职工，不算加班，是不用支付加班工资的。

小　呆：啊，怎么这样啊！那我岂不是比别的女同胞多干了半天活还没有任何补偿？

Cindy：不会啊，那半天的工资是照常发给你的，只是不算加班而已。

小　呆：可是我那天加班到九点呢，这也太剥削我们劳动力了吧！

Cindy：嗨，你还是没算清楚。妇女节那天六点以前算你正常上班，没有加班工资。但是从六点到九点这三个小时可是算加班的，加班费也都一分不少的发给你了，你再算算……

> **一家之言**
>
> 根据《全国年节及纪念日放假办法》，全体公民放假的假日，如果适逢星期六、星期日，应当在工作日补假。部分公民放假的假日，例如青年节，妇女节，如果适逢星期六、星期日，则不补假。

CASE 023 劳动报酬应为税前还是税后

小　蔡：我的工资不对吧?

HR：　怎么了?

小　蔡：不是说一个月7 000元么?

HR：　对啊,这单子上不写着应发7 000元么?

小　蔡：可是实发只有四千多啊。

HR：　哦,那是税后。

小　蔡：税也不能上那么多啊!

HR：　不还得扣掉社会保险和住房公积金么?

小　蔡：社保和公积金不是单位给上么?

HR：　是单位给上,但是你自己也要缴纳个人部分的。

小　蔡：那单位那部分体现在哪啊? 这工资单上没有啊。

HR：　工资单体现的是你的工资应发和实发的情况,单位缴纳部分没有作为工资发给你,当然就不反映在工资单上。

小　蔡：这扣得也太多了。

HR：　这不是国家规定么,而且你缴得多,不也都是自己享受么?

小　蔡：那我不想享受行不行啊,就别给我扣了呗。

HR：　这怎么行,那我们不就违法了?

小　蔡：可是当初跟我谈的时候,没说要扣钱的啊,我就是冲着7 000这个数才跳槽过来的啊,这不是骗人么?

HR：　怎么能说骗呢,咱们劳动合同上不是写得很清楚么,你看你也签字了。

小　蔡：合同上说税前税后了么? 合同上就写了一月7 000,怎么就能理解成税前？

HR： 什么都没写，就是税前的意思。

小　蔡： 谁规定的啊？

HR： 你看啊，你的收入不能不纳税吧？公司给你发工资不能不代扣代缴相关的费用和所得税吧？这本来也是你的义务啊。

小　蔡： 我没说我不同意纳税啊，但是算上税什么的，就不能只是7 000了啊，7 000应该是我实际到手的数额。

一家之言

根据《个人所得税法》的规定，公民有纳税的义务，用人单位在发放工资时，应代扣代缴个人所得税。除有特殊约定，合同中约定的劳动报酬一般理解为税前工资。近年来劳动关系双方就合同中约定的工资事项是否含税经常发生争议，建议双方在合同中约定税前工资或税后工资，同时建议明确个人所得税的承担方，避免分歧。

CASE 024　同工同酬学问大

小　刘：经理，咱们单位新来的负责保洁的李阿姨最近好像有点情绪，也不好好干活了。

经　理：前两天刚来的时候不是挺高兴的吗？咱们做 HR 的一定要准确掌握每一位员工的动态。怎么回事你问了没有？

小　刘：嗯，我找她谈过了，还不是因为咱们公司今年预算少了，她现在每月拿的工资比之前那个沈阿姨少了一千块钱，也不知道她从谁那听说了，觉得自己亏了，这不郁闷着呢嘛。

经　理：这个问题没关系的，给你一个锻炼的机会，现在就去找她解释一下，就说合同上写的多少就是多少，况且这个钱也是她同意的数，只要好好干，回头咱公司上市了，别提涨工资了，所有员工都有分红的。

小　刘：真的啊经理!? 太好了，我这就去找她！

经　理：嗯，顺便打听一下谁告诉她别人工资的，咱们公司密薪制，不该打听的不能打听，不该说的更不能说，调查清楚了按规定扣钱！

小　刘：是，经理，对了我想问问，咱公司啥时候上市啊？

经　理：刚说完不该打听的不能打听，快去！

……　……

小　刘：经理，我回来了，我严重怀疑李阿姨背后有人支招，这是要算计我们呀！

经　理：大惊小怪的，又怎么了这是？

小　刘：我跟李阿姨说了签合同的事，也跟她说了这个工资的数就是她当时同意的,不能反悔了,您猜她跟我说什么?

经　理:还能说出花儿来不成?

小　刘:她说她属于临时工,根据劳动合同法的规定,应该同工同酬,跟之前的阿姨拿相同的钱,公司跟她签的合同不算数!

经　理:临时工?同工同酬?

小　刘:是啊,她说她属于临时性工作岗位,应该与其他员工享受相同的劳动报酬,我当时就懵了……

经　理:你等等,据我了解,她跟公司是直接签的合同,不是派遣工吧?

小　刘:对啊,是直接签的合同啊,不是派遣工。

经　理:小刘啊,不是我说你,你来了都两年了,正式工和派遣工都分不清楚,你这两年都是混过来的吗?

小　刘:不是啊,经理,我分得清楚啊,正式工跟咱公司自己签合同,派遣工是和派遣公司签合同,派到咱公司工作,我第一年还是派遣呢,怎么会分不清楚啊……

经　理:你啊,对待工作不求甚解,今天我好好给你普及一下两者的本质区别。李阿姨的身份是正式员工,虽然工作的性质有可能是临时性的,但不代表她的岗位是临时性的,她自己说的那个临时性工作岗位,实际是劳务派遣员工的岗位性质,也就是说劳务派遣的员工必须在用工单位的临时性、辅助性和替代性工作岗位上工作,明白了?

小　刘:噢,也就是说工作性质是临时性的,但不代表岗位是临时性的?

经　理：你可以这么理解，因为法律所规定的所谓"临时性工作岗位"指的是用工单位存续时间不超过六个月的岗位，归根结底这个名词是针对劳务派遣员工而非正式员工的，所以刚才我问你她的劳动合同是怎么签的。

小　刘：噢，怪不得您问我这事呢，现在我闹明白了，李阿姨她就是正式工，根本和劳务派遣没关系！

经　理：嗯，孺子可教也！

小　刘：经理，李阿姨纠结的是自己的工资数，这跟她的身份是正式工还是劳务派遣工有啥关系啊？

经　理：你这个笨蛋，要气死我啊！我问你，同工同酬是什么意思？

小　刘：就是用工单位应当保证被派遣的劳动者享受与用工单位同岗位正式员工同工同酬的权利啊。

经　理：同工同酬这个问题，在劳动合同法劳务派遣专章中确实有具体描述，现在李阿姨不是劳务派遣工，我问你，这一条还能适用吗？

小　刘：噢，原来如此，经理您太厉害了，佩服佩服！我这就找她掰扯去！

经　理：回来！你个不学无术的东西，话还没说完呢，要是李阿姨说不光是劳务派遣工，正式工也享有同工同酬的权利，你怎么说？

小　刘：不能吧，没听说啊……

经　理：孤陋寡闻，告诉你吧，不光劳务派遣工，正式工也是享有同工同酬的权利的，这一点在劳动法和劳动合同法中都有零星的提及，但是问题的关键是咱们公司现在就她

89

一个保洁的阿姨，这个活只有她一个人干，没有第二个人了，这回你明白了？

小 刘：噢噢，这回真明白了，也就是她不能跟她前任比！

经 理：这回你算是真明白了，没事多读读书，别总是吃吃喝喝侃大山了。

小 刘：经理教训的是……

经 理：行了，快去跟李阿姨说吧，但还是以安抚为主啊，不然她要是辞了，咱就找不到这么便宜的阿姨了。

> **一家之言** 同工同酬的概念在《劳动法》以及《劳动合同法》中均有涉及，适用范围既包括正式员工，也包括劳务派遣员工。对于劳务派遣员工而言，同工同酬在法律上强调的是劳务派遣员工与本单位同岗位的正式员工实行相同的劳动报酬分配办法。

小　结

- ①国务院办公厅每年会颁布节假日安排的通知，为便于公民休假，往往用调休等方式安排连续休假，如国庆七天长假，但是需要注意的是这七天的性质不尽相同，只有三天为法定假日，其他四天均为调休的休息日，因此如果发生加班，那么每一天的加班费计算可能不同，法定假日按照日均工资的300%的标准计算当日加班费，休息日则按照日均工资的200%的标准计算当日加班费。

- ②非全日制用工应当以小时计酬为主，且劳动者在同一用人单位一般平均每日工作时间不超过4小时，每周工作时间累计不超过24小时。

- ③企业与员工约定特殊工时制度，需要首先经过劳动行政主管部门的审批，同时还要与劳动者书面约定。

- ④根据《劳动法》的规定，用人单位延长工作时间，一般每日不得超过1小时；因特殊原因需要延长工作时间的，在保障劳动者身体健康的条件下延长工作时间每日不得超过3小时，但是每月不得超过36小时。

- ⑤《劳动法》第四十四条规定"休息日安排劳动者工作又不能安排补休的，支付不低于工资的百分之二百的工资报酬"，从法律条文的表述上看，用人单位有权优先选择安排员工倒休对员工周末加班行为进行补偿。

- ⑥针对部分公民放假的假日，如果该部分员工仍然正常提供劳动，《全国年节及纪念日放假办法》未规定对此支付加班费。妇女在妇女节正常上班，《全国年节及纪念日放假办法》对此未规定支付加班费，但超出8小时延长时间工作的，企业需根据《劳动法》支付加班费。

⑦对于员工周末发生的加班，用人单位可以安排员工倒休或者支付加班费，但是对于员工法定节假日或平时延时发生的加班，用人单位只能支付加班费予以补偿。

⑧除有特殊约定，合同中约定的劳动报酬一般理解为税前工资。

⑨同工同酬一般指劳务派遣员工与同岗位的其他员工应当实行同样的劳动报酬分配办法。

⑩《劳动部关于职工工作时间有关问题给广州市劳动局的复函》规定，"综合计算工时工作制在综合计算周期内的总实际工作时间不应超过总法定标准工作时间，超过部分应视为延长工作时间并按《劳动法》第四十四条第一款的规定支付工资报酬。其中法定休息日安排劳动者工作的，按第三款规定支付工资报酬"。可见，对于综合工时制度而言，只存在平时加班和法定节假日的加班，并应当按照规定支付加班费，但是并不存在周末加班。同时，该复函还规定"延长工作时间的小时数平均每月不得超过36小时"。由此可见，和标准工时一样，综合工时制度下员工每月加班也不得能超过36小时。

⑪不定时工作制的特点是直接确定职工劳动量，无须确定上下班时间，可以简单地理解为只看工作结果，不问工作过程（时间）。因此不产生平时加班费及周末加班费，但是是否产生法定节假日的加班，各地对该问题的规定有所

不同，例如北京就没有相关规定，但是在《上海市企业工资支付办法》和《深圳市员工工资支付条例》中均明确规定了用人单位安排实行不定时工作制的员工在法定休假节日工作的，应按本人日或者小时工资基数的300％支付加班工资。

温馨提示

对于不定时制的员工，由于不存在确定的上下班时间，故企业无法就员工的上下班考勤对员工进行管理，但是可以完善相关规章制度，从而达到管理员工的目的。

相关规定

CASE 016

《劳动法》

第三十六条　国家实行劳动者每日工作时间不超过八小时、平均每周工作时间不超过四十四小时的工时制度。

第三十七条　对实行计件工作的劳动者，用人单位应当根据本法第三十六条规定的工时制度合理确定其劳动定额和计件报酬标准。

第三十八条　用人单位应当保证劳动者每周至少休息一日。

第三十九条　企业因生产特点不能实行本法第三十六条、第三十八条规定的，经劳动行政部门批准，可以实行其他工作和休息办法。

第四十条　用人单位在下列节日期间应当依法安排劳动者休假：

（一）元旦；

（二）春节；

（三）国际劳动节；

（四）国庆节；

（五）法律、法规规定的其他休假节日。

第四十一条　用人单位由于生产经营需要，经与工会和劳动者协商后可以延长工作时间，一般每日不得超过一小时；因特殊原因需要延长工作时间的，在保障劳动者身体健康的条件下延长工作时间每日不得超过三小时，但是每月不得超过三十六小时。

第四十二条　有下列情形之一的，延长工作时间不受本法第四十一条规定的限制：

（一）发生自然灾害、事故或者因其他原因，威胁劳动者生命健康和财产安全，需要紧急处理的；

（二）生产设备、交通运输线路、公共设施发生故障，影响生产和公众利益，必须及时抢修的；

（三）法律、行政法规规定的其他情形。

第四十三条　用人单位不得违反本法规定延长劳动者的工作时间。

第四十四条　有下列情形之一的，用人单位应当按照下列标准支付高于劳动者正常工作时间工资的工资报酬：

（一）安排劳动者延长工作时间的，支付不低于工资的百分之一百五十的工资报酬；

（二）休息日安排劳动者工作又不能安排补休的，支付不低于工资的百分之二百的工资报酬；

（三）法定休假日安排劳动者工作的，支付不低于工资的百分之三百的工资报酬。

第四十五条　国家实行带薪年休假制度。

劳动者连续工作一年以上的，享受带薪年休假。具体办法由国务院规定。

《关于职工全年月平均工作时间和工资折算问题的通知》（劳社部发〔2008〕3号）

各省、自治区、直辖市劳动和社会保障厅（局）：

根据《全国年节及纪念日放假办法》（国务院令第513号）的规定，全体公民的节日假期由原来的10天增设为11天。据此，职工全年月平均制度工作天数和工资折算办法分别调整如下：

一、制度工作时间的计算

年工作日：365 天－104 天（休息日）－11 天（法定节假日）＝250 天

季工作日：250 天÷4 季＝62.5 天/季

月工作日：250 天÷12 月＝20.83 天/月

工作小时数的计算：以月、季、年的工作日乘以每日的 8 小时。

二、日工资、小时工资的折算

按照《劳动法》第五十一条的规定，法定节假日用人单位应当依法支付工资，即折算日工资、小时工资时不剔除国家规定的 11 天法定节假日。据此，日工资、小时工资的折算为：

日工资：月工资收入÷月计薪天数

小时工资：月工资收入÷（月计薪天数×8 小时）

月计薪天数＝（365 天－104 天）÷12 月＝21.75 天

CASE 017

《劳动合同法》

第六十八条 非全日制用工，是指以小时计酬为主，劳动者在同一用人单位一般平均每日工作时间不超过四小时，每周工作时间累计不超过二十四小时的用工形式。

第六十九条 非全日制用工双方当事人可以订立口头协议。

从事非全日制用工的劳动者可以与一个或者一个以上用人单位订立劳动合同；但是，后订立的劳动合同不得影响先订立的劳动合同的履行。

第七十条　非全日制用工双方当事人不得约定试用期。

第七十一条　非全日制用工双方当事人任何一方都可以随时通知对方终止用工。终止用工，用人单位不向劳动者支付经济补偿。

第七十二条　非全日制用工小时计酬标准不得低于用人单位所在地人民政府规定的最低小时工资标准。

非全日制用工劳动报酬结算支付周期最长不得超过十五日。

CASE 018

《劳动法》

第三十九条　（具体内容参见 CASE 016）

《关于企业实行不定时工作制和综合计算工时工作制的审批办法》

第三条　企业因生产特点不能实行《中华人民共和国劳动法》第三十六条、第三十八条规定的，可以实行不定时工作制或综合计算工时工作制等其他工作和休息办法。

第四条　企业对符合下列条件之一的职工，可以实行不定时工作制。

（一）企业中的高级管理人员、外勤人员、推销人员、部分值班人员和其他因工作无法按标准工作时间衡量的职工；

（二）企业中的长途运输人员、出租汽车司机和铁路、港口、仓库的部分装卸人员以及因工作性质特殊，需机动作业的职工；

（三）其他因生产特点、工作特殊需要或职责范围的关系，适合实行不定时工作制的职工。

第五条　企业对符合下列条件之一的职工，可实行综合计算工时工作制，即分别以周、月、季、年等为周期，综合计算工作时间，但其平均日工作时间和平均周工作时间应与法定标准工作时间基本相同。

（一）交通、铁路、邮电、水运、航空、渔业等行业中因工作性质特殊，需连续作业的职工；

（二）地质及资源勘探、建筑、制盐、制糖、旅游等受季节和自然条件限制的行业的部分职工；

（三）其他适合实行综合计算工时工作制的职工。

《工资支付暂行规定》

第十三条（第一款略）　实行计件工资的劳动者，在完成计件定额任务后，由用人单位安排延长工作时间的，应根据上述规定的原则，分别按照不低于其本人法定工作时间计件单价的150％、200％、300％支付其工资。

经劳动行政部门批准实行综合计算工时工作制的，其综合计算工作时间超过法定标准工作时间的部分，应视为延长工作时间，并应按本规定支付劳动者延长工作时间的工资。

实行不定时工时制度的劳动者，不执行上述规定。

CASE 019

《劳动法》

第四十一条　（具体内容参见 CASE 016）

第九十条　用人单位违反本法规定，延长劳动者工作时间的，由劳动行政部门给予警告，责令改正，并可以处以罚款。

CASE 020

《劳动法》

第四十四条　（具体内容参见 CASE 016）

CASE 021

《全国年节及纪念日放假办法》

第三条　部分公民放假的节日及纪念日：

（一）妇女节（3月8日），妇女放假半天；

（二）青年节（5月4日），14周岁以上的青年放假半天；

（三）儿童节（6月1日），不满14周岁的少年儿童放假1天；

（四）中国人民解放军建军纪念日（8月1日），现役军人放假半天。

《关于部分公民放假有关工资问题的函》

上海市劳动和社会保障局：

你局《关于部分公民放假有关问题的请示》收悉。经研究，答复如下：

关于部分公民放假的节日期间，用人单位安排职工工作，如何计发职工工资报酬问题。按照国务院《全国年节及纪念日放假办法》（国务院令第270号）中关于妇女节、青年节等部分公民放假的规定，在部分公民放假的节日期间，对参加社会或单位组织庆祝活动和照常工作的职工，单位应支付工资报酬，但不支付加班工资。如果该节日恰逢星期六、星期日，单位安排职工加班工作，则应当依法支付休息日的加班工资。

CASE 022

《劳动法》

第四十四条　（具体内容参见 CASE 016）

《国务院关于修改〈全国年节及纪念日放假办法〉的决定》

第二条　全体公民放假的节日：

（一）新年，放假1天（1月1日）；

（二）春节，放假3天（农历正月初一、初二、初三）；

（三）清明节，放假1天（农历清明当日）；

（四）劳动节，放假1天（5月1日）；

（五）端午节，放假1天（农历端午当日）；

（六）中秋节，放假1天（农历中秋当日）；

（七）国庆节，放假3天（10月1日、2日、3日）。

第三条　部分公民放假的节日及纪念日：

（一）妇女节（3月8日），妇女放假半天；

（二）青年节（5月4日），14周岁以上的青年放假半天；

（三）儿童节（6月1日），不满14周岁的少年儿童放假1天；

（四）中国人民解放军建军纪念日（8月1日），现役军人放假半天。

第四条　少数民族习惯的节日，由各少数民族聚居地区的地方人民政府，按照各该民族习惯，规定放假日期。

第五条　二七纪念日、五卅纪念日、七七抗战纪念日、九三抗战胜利纪念日、九一八纪念日、教师节、护士节、记者节、植树节等其他节日、纪念日，均不放假。

第六条　全体公民放假的假日，如果适逢星期六、星期日，应当在工作日补假。部分公民放假的假日，如果适逢星期六、星期日，则不补假。

CASE 023

《个人所得税法》

第一条　在中国境内有住所，或者无住所而一个纳税年度内在中国境内居住累计满一百八十三天的个人，为居民个人。居民个人从中国境内和境外取得的所得，依照本法规定缴纳个人所得税。

在中国境内无住所又不居住，或者无住所而一个纳税年度内在中国境内居住累计不满一百八十三天的个人，为非居民个人。非居民个人从中国境内取得的所得，依照本法规定缴纳个人所得税。

（第三款　略）

第二条（第一款）　下列各项个人所得，应纳个人所得税：

（一）工资、薪金所得；

（二）劳务报酬所得；

（三）稿酬所得；

（四）特许权使用费所得；

（五）经营所得；

（六）利息、股息、红利所得；

（七）财产租赁所得；

（八）财产转让所得；

（九）偶然所得。

第四条　下列各项个人所得，免纳个人所得税：

（一）省级人民政府、国务院部委和中国人民解放军军以上单位，以及外国组织、国际组织颁发的科学、教育、技术、文化、卫生、体育、环境保护等方面的奖金；

（二）国债和国家发行的金融债券利息；

（三）按照国家统一规定发给的补贴、津贴；

（四）福利费、抚恤金、救济金；

（五）保险赔款；

（六）军人的转业费、复员费、退役金；

（七）按照国家统一规定发给干部、职工的安家费、退职费、基本养老金或者退休费、离休费、离休生活补助费；

（八）依照我国有关法律规定应予免税的各国驻华使馆、领事馆的外交代表、领事官员和其他人员的所得；

（九）中国政府参加的国际公约、签订的协议中规定免税的所得；

（十）国务院规定的其他免税所得。

第五条（第一款）　有下列情形之一的，可以减征个人所得税……：

（一）残疾、孤老人员和烈属的所得；

（二）因自然灾害遭受重大损失的；

CASE 024

《劳动法》

第四十六条　工资分配应当遵循按劳分配原则，实行同工同酬。

工资水平在经济发展的基础上逐步提高。国家对工资总量实行宏观调控。

《劳动合同法》

第十一条　用人单位未在用工的同时订立书面劳动合同，与劳动者约定的劳动报酬不明确的，新招用的劳动者的劳动报酬按照集体合同规定的标准执行；没有集体合同或者集体合同未规定的，实行同工同酬。

第十八条　劳动合同对劳动报酬和劳动条件等标准约定不明

确，引发争议的，用人单位与劳动者可以重新协商；协商不成的，适用集体合同规定；没有集体合同或者集体合同未规定劳动报酬的，实行同工同酬；没有集体合同或者集体合同未规定劳动条件等标准的，适用国家有关规定。

第六十三条 被派遣劳动者享有与用工单位的劳动者同工同酬的权利。用工单位应当按照同工同酬原则，对被派遣劳动者与本单位同类岗位的劳动者实行相同的劳动报酬分配办法。用工单位无同类岗位劳动者的，参照用工单位所在地相同或者相近岗位劳动者的劳动报酬确定。

第六十六条 劳动合同用工是我国的企业基本用工形式。劳务派遣用工是补充形式，只能在临时性、辅助性或者替代性的工作岗位上实施。

前款规定的临时性工作岗位是指存续时间不超过六个月的岗位；辅助性工作岗位是指为主营业务岗位提供服务的非主营业务岗位；替代性工作岗位是指用工单位的劳动者因脱产学习、休假等原因无法工作的一定期间内，可以由其他劳动者替代工作的岗位。

用工单位应当严格控制劳务派遣用工数量，不得超过其用工总量规定的一定比例，具体比例由国务院劳动行政部门规定。

《劳务派遣暂行规定》

第三条 用工单位只能在临时性、辅助性或者替代性的工作岗位上使用被派遣劳动者。

前款规定的临时性工作岗位是指存续时间不超过 6 个月的岗位；辅助性工作岗位是指为主营业务岗位提供服务的非主营业务岗位；替代性工作岗位是指用工单位的劳动者因脱产学习、休假等原因无法工作的一定期间内，可以由其他劳动者替代工作的岗位。

  用工单位决定使用被派遣劳动者的辅助性岗位，应当经职工代表大会或者全体职工讨论，提出方案和意见，与工会或者职工代表平等协商确定，并在用工单位内公示。

😊 轻松一刻

李　雷：老婆！上周六我上班你不是说得想着让公司给我登记嘛！你还别说，我们公司还真挺规范的，我这还没提呢，今天一早Lisa就让我把上周六的工作时间登在排班表上了。

韩梅梅：这不应该的吗，不过也还好了，现在很多企业都不规范，早晚吃大亏。

李　雷：你工作是不是特忙，看你今天气色不太好？

韩梅梅：别提了，销售部那边有个人刚入职就要被开掉，今天我们HR部门净忙这事了。

李　雷：为什么呀？

韩梅梅：他呀，因为虚假学历的事。销售部今天刚查出来就让我们处理，费了我多少口舌，那人总算辞职了。

李　雷：我老婆三寸不烂之舌可退雄兵百万，区区一销售不足挂齿。

韩梅梅：你少恭维我。也多亏公司规章制度明确写着，提供虚假学历是不符合录用条件的情形之一，要不是拿这个压着他辞职，今天这事更难办呢。

李　雷：为什么啊？这个规章制度怎么就这么有威慑力啊？不符合录用条件怎么了？不是也入职了吗？

韩梅梅：根据相关规定，不符合录用条件的话可以直接解除劳动合同啊，而且一分钱也拿不到。所以我就和他说啊，你要是不辞职，公司就只能开了你，而且你的离职证明上也会记录你是因为什么原因被开的,这样以后谁还敢要你啊。他一听也明白了,左右是必须得走,还不如自己辞职呢。

李　雷:原来如此,老婆你真厉害,化干戈为玉帛啊。

韩梅梅:其实那小伙子能力还挺不错的,还在试用期内就谈下一个大单子,而且长得还特帅,啧啧。

李　雷:开得好,开得好啊。这种人面如美玉、心如蛇蝎,绝对的祸水、祸水!

我的假期谁做主

员工：刚刚工作两年的我年假就有15天之多,但我确实是个比较宅的人,出去玩的安排不多,不怎么休假,这不去年的年假我只用了3天,还剩12天呢,根据《企业职工带薪年休假实施办法》的规定,对于没有休的年假,公司应该按照300%工资支付补偿,那么12天岂不是能拿到很多补偿。

人事：Dear,那个300%的补偿只针对于法定年休假,根据你的司龄和工龄,你目前的法定年假只有5天,而你已经休了3天,所以公司只需要给予你2天的补偿,至于其他的剩下的假期都属于公司奖励年假了,如果没有休,公司是没有补偿的,你可以仔细看一下员工手册中的相关规定。

↳ ①员工入职后开始享受年假的条件是什么
↳ ②员工辞职情形下支付法定年休假补偿的方式是怎样的
↳ ③员工请了半年无薪事假,可否不安排当年年假
↳ ④企业规定的年假天数高于法定年假天数,对于高于部分,公司应当如何处理

CASE 025 员工辞职，未休的年假怎么办

J：Adam！有个离职的员工对她的离职补偿有异议啊！

A：什么理由啊？

J：她说她的未休年假算错了，应该是有 20 天都没休。

A：她应该有多少天年假啊？

J：她工龄是 14 年，应该有 10 天法定年假，再加上咱们公司的 20 天公司年假，一共应该有 30 天啰。

A：那也就是剩下的这 20 天都是公司年假啰，那是没有补偿的啊。

J：为什么呢？

A：因为公司的员工手册已经规定了啊，每个人入职的时候都签署知晓并同意的文件了啊，这就是对我们双方有约束力的文件，就是依据哪！

J：如果是法定年假未休的话，是要按照 300% 的标准赔偿的，但我们公司自己的年休假为什么没有赔偿呢？

A：因为公司年假是奖励性质的，是基于公司和员工约定而产生的年假，那么如果不休怎么处理的规则也应当基于双方的约定的，员工之前签的福利确认书和员工手册都有关于"过期作废和离职不补""先休法定年假，再休公司年假"等规则，她签字了就意味着她接受这个规则啊。

J：哦，那我就明白了！那她要是辞职，这个法定年假这部分的补偿应该怎么算呀？

A：跟咱们和她提出协商解除一样，也是按照当年已工作时间折算未休年假天数并支付相应补偿。

J：那假如她离职的时候要是把今年的假都休完了，又在年中离职

的，咱们能把她多休的假折算成相应的工资，扣回么？

A：不能啊，休了就算休了。

J：那我准备离职前一定得把年休假都休了，哈哈哈！

> 一家之言
>
> 　　法定年休假*，是依据国家法律法规的强制性规定而赋予劳动者的法定权利，同时也是国家法律法规赋予用人单位的法定义务，因此在用人单位没有履行义务的情况下就会产生补偿。
>
> 　　公司奖励年假或公司带薪假日，是用人单位和员工协商一致而产生的，虽然实践中多体现为简化协商过程而以员工签字确认来代替，但归根结底，是双方意思表示一致而达成的确认，因此，员工权利的行使与放弃及用人单位义务的履行与免除均应当依据双方的约定处理。
>
> 　　在员工因个人原因辞职情形下，是否也按照上述补偿方式？员工因个人原因离开单位，则意味着员工在该年度内对于单位的服务年限只截止到辞职为止，因此单位也就只对该部分年限内负有安排员工休假义务；更何况职工在进入新的用人单位时，新的单位还会计算其该年度剩余日历的年假天数。

---

* 法定年休假指劳动者依据《职工带薪年休假条例》而享有的休假权利，因与劳动者的社会工作年限有关，通常称为"工龄假"；公司年假指劳动者基于与企业的约定而享有的休假权利，因多数企业对该项权利的设定标准与劳动者在本企业工作年限有关，通常称为"司龄假"。

CASE 026　员工请了半年无薪事假，可否不安排当年年假

小　刘：经理大人，又有问题请教您了。

经　理：你这回倒直接，说吧，什么事？

小　刘：是这样：销售部的五朵金花里的牵牛花之前不是回学校读研去了么，现在学校放暑假回来上班了。

经　理：成天就这五朵金花，怎么就她们事多，你跟她们卯上了吧。

小　刘：没有啊，我也不知道她们怎么这么烦，每个月必出一次事，简直比那啥都规律。

经　理：别瞎扯了，到底什么事？

小　刘：是这样的，她刚才找我说要休年假出国旅游，十天年假加上前前后后周末，又是半个月出去了，您说咱能不批吗？

经　理：你说呢？

小　刘：我印象中她这种休事假一个月的，是不享受年休假的，我就给她拒了，没想到她居然说要到劳动争议仲裁委员会告咱们去，说要拿法律的武器捍卫自己的合法权益，您说她这不是吃饱了撑得没事找事么。

经　理：你等等，她休了半年多的事假是吧？

小　刘：是啊，早超过一个月了。

经　理：那这半年咱们正常给她发的工资？

小　刘：哪能啊，她请的可是无薪事假，自己还每月来公司交社保和公积金的个人部分呢。

经　理：那你凭什么不批年假啊，这不挑事呢么？

小　刘：不是啊经理，我记得她这种情况绝对不能享受年休假了

啊，职工带薪年休假条例里写了啊。

经　理：你就瞎折腾吧。年休假条例里写的是职工请事假累计20天以上且单位按照规定不扣工资的，这种情况员工不享受当年的法定年休假，但是她这半年多可是一分钱没发，按照规定不属于豁免的范畴！

小　刘：啊？这样啊，我又错了，经理。

经　理：你赶紧给人家打电话，电话不接你给我亲自上门道歉，必须把这事平了，千万别让她闹到仲裁委去，不然指不定牵出什么其他事来呢！

小　刘：是，经理，这金花们简直就是我命里的克星啊！

> **一家之言**
>
> 根据《职工带薪年休假条例》第四条，本年度享受事假超过一定期限不享受年假的情形仅限于事假期间公司正常发放工资的情况，对于职工休事假期间不享受工资待遇的情形没有明确规定，实践中是否应当给予年假，很难从立法原意上推断，建议在职工请长期事假之前，就年假的享受与否进行书面约定，避免理解上的分歧。

小　结

> ①《职工带薪年休假条例》规定，机关、团体、企业、事业单位、民办非企业单位、有雇工的个体工商户等单位的职工连续工作1年以上的，享受带薪年休假。《企业职工带薪年休假实施办法》又进一步明确，职工连续工作满12个月以上的，享受带薪年休假，此处的连续指不间断地工作。由此可见，享受年假的条件只有一个，即连续工作满12个月，不管这里的12个月是否在同一用人单位，也不管员工是否处于试用期，只要已经连续工作12个月，都有权利享受年假。但是一些省份在实践中也有特殊判例，例如，在广州地区就有判例要求职工在同一个用人单位连续工作满12个月以上。

> ②《劳动合同法》规定，用人单位与职工解除或者终止劳动合同时，当年度未安排职工休满应休年休假的，应当按照职工当年已工作时间折算应休未休年休假天数并支付未休年休假工资报酬，但折算后不足1整天的部分不支付未休年休假工资报酬。员工辞职的支付情形应当参照上述规定。

> ③《职工带薪年休假条例》规定，职工有请事假累计20天以上且单位按照规定不扣工资的情形的，不享受当年的年休假。

> ④对于企业超出法定年假部分的年假的问题，法律并没有明确规定。建议企业将年假分成法定年假和企业年假两部分。对于未休的法定年假天数需要按照相关规定支付员工300%

的工资报酬。对于公司年假部分，建议企业进行较为明确的规定：（1）员工休假时应当先休法定年假再享受公司年假；（2）对于员工未休公司年假的，公司不予进行补偿。

温馨提示

对于离职的员工怎样享受法定年假，《职工带薪年休假条例》的规定是"用人单位与职工解除或者终止劳动合同时，当年度未安排职工休满应休年假的，应当按照职工当年已工作时间折算应休未休年休假天数并支付未休年休假工资报酬"，那么在员工因个人原因辞职情形下，是否也按照上述补偿方式？我们认为不应对把"解除或终止"仅视为用人单位解除员工，员工解除用人单位也应当适用。

相关规定

CASE 025

《企业职工带薪年休假实施办法》

第十条第一款　用人单位经职工同意不安排年休假或者安排职工年休假天数少于应休年休假天数，应当在本年度内对职工应休未休年休假天数，按照其日工资收入的300％支付未休年休假工资报酬，其中包含用人单位支付职工正常工作期间的工资收入。

第十二条　用人单位与职工解除或者终止劳动合同时，当年度未安排职工休满应休年休假的，应当按照职工当年已工作时间折算应休未休年休假天数并支付未休年休假工资报酬，但折算后不足1整天的部分不支付未休年休假工资报酬。

前款规定的折算方法为：（当年度在本单位已过日历天数÷365天）×职工本人全年应当享受的年休假天数－当年度已安排年休假天数。

用人单位当年已安排职工年休假的，多于折算应休年休假的天数不再扣回。

CASE 026

《职工带薪年休假条例》

第四条　职工有下列情形之一的，不享受当年的年休假：

（一）职工依法享受寒暑假，其休假天数多于年休假天数的；

（二）职工请事假累计20天以上且单位按照规定不扣工资的；

（三）累计工作满1年不满10年的职工，请病假累计2个月以上的；

（四）累计工作满 10 年不满 20 年的职工，请病假累计 3 个月以上的；

（五）累计工作满 20 年以上的职工，请病假累计 4 个月以上的。

轻松一刻

李　雷：对了老婆，昨天你还有一个问题没回答我呢。

韩梅梅：昨天太累，脑子都不转了。

李　雷：我问你：那人不是都入职了吗，不都录用了吗，怎么还能拿不符合录用条件解除啊？

韩梅梅：哼，结了婚还能离呢。法律明确写着呢，企业可以以试用期内不符合录用条件为由行使解除权，因此即便给他办了入职手续，但只要这个人还在试用期内，就还能拿这个理由解除掉。估计法律也是考虑到谁没有刚开始看走眼的时候啊，只要亡羊补牢就时犹未晚。

李　雷：过了这村就没这店了啊，所以说试用期内可要夹着尾巴做人啊，扛过试用期就踏实了。

韩梅梅：开玩笑！我的手段你是知道的，虽然说过了试用期可就没法用这个理由解除，但即使过了试用期我照样也能用别的方法收拾他。因为邪不胜正，这种人就是不诚信，早晚要在其他事情上露马脚的。

李　雷：那是那是。邪能不能胜正我不知道，但起码胜不过我老婆就是了。好在结婚就没有试婚期这一说。

韩梅梅：哼，国有国法，但家也有家规，在咱们家你永远都在试婚期内，好好表现，否则，随时休了你！

李　雷：看来不光是邪不能胜过我老婆，连正也不能胜过我老婆啊！

患病就医是权利

员工：最近生病，已经两个多星期没上班了，不知我是不是就进入医疗期了，还有不知道我生病这段日子工资怎么发，明天给人事打个电话……

人事：呵呵，确切地说，目前你的情况算是病假期，还谈不上医疗期，而在你病假期间，根据公司的规定，公司将支付你正常工资的70%。

↘ ①医疗期与病假期是一个概念吗

↘ ②企业能否要求员工到指定的医院开具病假单

↘ ③如果员工提交虚假病假条，企业如何应对

↘ ④员工生病期间，企业应怎样支付员工工资，各地规定是否一样

↘ ⑤员工医疗期满不能从事原工作和另行安排的工作，企业行使解除权时应注意什么

↘ ⑥单位可否与员工自行约定病假工资标准

↘ ⑦医疗期满后，员工再请病假，企业是否有权不批准

CASE 027 病假谁说了算

主　管： 你怎么一周都没见人？

小　刘： 主管，我病了，我还得休呢，前两天在家躺着来着，没力气出门，今天好一点了，赶紧给您交假条来了，医生给开的，建议休两周，还没好利索呢，所以，我还得再休一周。

主　管： 什么病啊？

小　刘： 就是有点过敏，可能是不适应雾霾天气吧。

主　管： 过敏这么严重？还得卧床休息？

小　刘： 就是不能在户外活动。

主　管： 咱这上班也不是在室外啊。

小　刘： 我们家不是离单位远么，我上下班路上的时间比较长，打车的话公司又不给报。

主　管： 哎，你说这大月底的好多事情要交活儿，少一个人这工作哪做得完啊。

小　刘： 那我把笔记本拿回去，在家干，不落下活儿，不就行了。

主　管： 那怎么行？到时候都跟你学，全都在家办公，这办公室里需要干活儿的时候，哪还找得着人啊。

小　刘： 那不一样，我这是有假条的哦，是病假，谁也不能说病就病是吧。

主　管： 那谁说得准啊，现在跟社区医院混得熟的哦，跟大夫说一声，就能给开出假条来。哎，对了，你这也是社区医院开的吧？咱公司可是要求三甲医院开的，你这个假条不符合要求啊。

小　刘：去医院去得急，家门口就近就看了。大医院离家远，而且全是排队的，不是不方便么。

主　管：那你这假条确实不符合公司规定啊。你这样，你再去三甲医院补一张给我交回来。

小　刘：哎呀！这不是追求形式吗？我这本来就不能在户外活动，我为个假条去跑三甲，怎么也得折腾一上午，而且这时间了也挂不上号啊，我这本来都好得差不多了，再给复发了。

主　管：那你要不拿三甲的来，我只能给你记事假了。

小　刘：啊？事假扣不扣工资啊？

主　管：咱公司事假不发工资，病假给基本工资的50%。

小　刘：不行，我不同意扣工资。

> **一家之言**
>
> 医疗期是企业职工因患病或非因工负伤，需要停止工作医疗的期限。实践中有时双方会对某一种疾病是否应当获得治疗，或者是否应当获得休息产生不同理解，这种情况下，劳动者主张自己进入医疗期，应当提供相关证明，用人单位认为劳动者不处于医疗期，同样应当出具相关证明。

CASE 028 员工在医疗期满后继续请病假怎么办

J：Adam，我又有个问题想跟你讨论啊！

A：你说呗！

J：有个员工啊，他医疗期已经到期了，但是他还一直交假条，我们该怎么办呢？

A：假条是正规医院开具的吗？时间上具有连续性吗？

J：是啊！

A：那如果咱们不打算跟他谈解除劳动合同的话，就只能批准他继续休病假了。

J：可是他医疗期已经到期了啊，我不能不批准么？

A：医疗期到期对应的法律上的处理方式是可以选择和员工解除劳动合同，但没有到期后不再批准休病假的选择。

J：那我们现在就通知他，鉴于他的医疗期已满，但仍未医疗终结，而他又不能从事原工作，所以我们要和他解除。

A：不行啊，医疗期满，仍然提交假条，在咱这儿不能被认为是医疗期满不能从事原工作。

J：啊？他没治好，不能来上班是客观状况啊，这都不能被认为是不能从事原工作？

A：是啊，必须经过有关劳动能力鉴定委员会鉴定，才能判断是不是不能从事原工作。

J：那我们就去申请鉴定呗，申请了之后我们就等结果，然后再决定下一步怎么操作吧。

A：嗯，还得和员工好好协商一下，因为那个申请鉴定的文件也需要他签字。

一家之言

医疗期与病假期比较容易混淆，两者的主要区别是：医疗期是"法定"期间，由法律根据职工工作年限规定的"刚性"的时间段，而病假期则是"事实"期间，事实上发生了多少就算多少。也就是说，医疗期是法律有特别规定的固定的法定期限，而病假期则是员工患病或非因工负伤事实上需要接受诊疗的事实期间。

实践中流行着这样的一种观点：既然国家规定了医疗期制度，那么对于医疗期已经届满的员工申请病假，企业就可以不予批准。实际上，关于医疗期的法规、政策并没有规定企业在员工医疗期满以后可以不安排员工病假。

事实上，相关法规、政策只是规定医疗期满以后员工不能从事原工作，也不能从事企业另行安排的工作的，企业可以解除劳动合同，也就是说，企业可以在员工医疗期满以后解除劳动合同，但是如果企业选择保持劳动关系，则并不能因此而不安排员工病假。

关于医疗期满不能从事原工作的认定，在北京、广州地区须经劳动能力鉴定委员会鉴定，企业不能通过员工医疗期满后提交病假条的事实自行推导出员工不能从事原工作的结论。但在上海地区对医疗期满不能从事原工作的认定无须经过劳动能力委员会鉴定。如果员工在医疗期满后继续提交病假单而无法返回岗位工作的，就被视为医疗期满不能从事原工作。

CASE 029 如何证明员工医疗期满不能从事原工作

小　李： 我来交下周的病假条。

HR： 您的医疗期已经届满了,您需要考虑回来上班了。

小　李： 哎呀我这上不了班啊,我过敏可严重了,你看,一到外边来我就得戴上口罩,要不然反应可厉害了。

HR： 您每周都这么交假条,其实跟上班外出的频率也差不多了。

小　李： 可不是么!可是大夫就只给一周一周开啊,不给开长期的,我也可闹心了!

HR： 其实我们建议您还是利用医疗期充分地接受一下治疗,尽早恢复健康。

小　李： 谁说不是呢!可是大夫说了,我这个毛病就是空气污染导致的,要想根治,就得移民。

HR： 那您这意思就是不打算再上班了?

小　李： 那我也得能上啊,你看这天天都是雾霾爆表,我这没法出来啊。

HR： 您生病需要休养呢,这个公司都能够理解,并且在政策允许的范围内都会尽量为您提供帮助,但是公司毕竟是一个经营机构,是要营业、要生产的,一个岗位上不能长期没有人从事工作。

小　李： 你看你这话说的,好像我就不爱干活似的,我也想回来啊,可我得回得来啊!

HR： 这样吧,你呢,现在医疗期已经满了,再继续休病假呢,公司就需要一个医疗机构的鉴定结论。

小　李：鉴定啥？

HR： 鉴定您目前的劳动能力状态。如果达到了一定级别，公司将帮助您安排病休或者相关规定的其他相关待遇。

小　李：都有啥级别？

HR： 1～4级，是全部丧失劳动能力；5～6级，是大部分丧失劳动能力；7～10级，是部分丧失劳动能力。

小　李：没那么严重，哪至于就没有劳动能力了？不用那么兴师动众的。

HR： 那您可以从事劳动的话，就应该回来正常上班了。

> **一家之言**
>
> 　　法律法规并没有对什么情形属于劳动者"医疗期满不能从事原工作，也不能从事用人单位安排的工作"给予相关定义。那么如果劳动关系双方对劳动者能否从事工作存在争议，则双方均应就自己的主张提供相应证明。但实践中比较尴尬的是，劳动能力鉴定仅对伤残等级进行评定，并不对劳动者是否能够从事某个岗位的工作进行评价，因此在证明力上相对权威的前述鉴定结论，往往在争议发生时不能发挥证明一方主张的作用。遇到这类情形时，建议以协商为主。

小 结

> ①根据《企业职工患病或非因工负伤医疗期规定》的规定，医疗期是指企业职工因患病或非因工负伤停止工作治病休息不得解除劳动合同的时限。该期间是对患病的劳动者进行一定时期的解雇保护的期间，是"法定"期间，由法律根据职工工作年限规定的"刚性"的时间段。而病假期则是"事实"期间，是员工患病或非因工负伤事实上需要接受诊疗的事实期间。

> ②看病就医应当本着方便员工的原则，有些企业要求员工必须到指定的医院开具病假单企业才认可的规定是有违合理性的。但单位对员工已开具的病假证明持有疑义的，可要求员工至医保医院再行检查。

> ③员工提交虚假病假条，如果企业能够对此进行举证，可以不视为员工请病假，如果企业内部对该不诚信行为有相关劳动纪律规定的，还可依据劳动纪律进行处理。

> ④关于员工生病期间企业应怎样支付员工工资，各地规定有一定差异，但一般都规定不得低于当地最低工资标准的80％。广州、上海地区则规定，结合员工工龄，在不低于当地最低工资80％的基础上按照工资的一定比例支付。

> ⑤员工医疗期满不能从事原工作和另行安排的工作，在北京、广州地区目前需要企业在行使解除权前为员工进行劳动能力鉴定，只有经劳动能力鉴定确认不能从事原工作及新工作的，才能行使解除权。

患病就医是权利

↳ ⑥单位可以与员工自行约定病假工资标准，但不得低于法定标准。

↳ ⑦相关法规政策只是规定医疗期满以后企业可以解除劳动合同，也就是说，企业可以在员工医疗期满以后解除劳动合同，但是如果企业选择保持劳动关系，则并不能因此而不安排员工病假。

温馨提示

针对上述第五个问题，在实践中还会存在一系列问题，例如员工不同意进行劳动能力鉴定怎么办？又如鉴定结果为部分丧失劳动能力怎么办？可见，在北京，企业行使该项解除权在实践中受到诸多限制，甚至无法行使。对于该问题，有些地区（如上海）的操作为：如医疗期满后员工继续提交病假条，此时继续提交病假条的动作本身就证明了员工的身体不能够从事原工作，因而无须进行鉴定用人单位即可行使解除权。我们认为这样的操作实操性更强一些。

相关规定

CASE 027

《企业职工患病或非因工负伤医疗期规定》

第三条 企业职工因患病或非因工负伤,需要停止工作医疗时,根据本人实际参加工作年限和在本单位工作年限,给予三个月到二十四个月的医疗期:

(一)实际工作年限十年以下的,在本单位工作年限五年以下的为三个月;五年以上的为六个月。

(二)实际工作年限十年以上的,在本单位工作年限五年以下的为六个月,五年以上十年以下的为九个月;十年以上十五年以下的为十二个月;十五年以上二十年以下的为十八个月;二十年以上的为二十四个月。

《关于贯彻执行〈中华人民共和国劳动法〉若干问题的意见》

59. 职工患病或非因工负伤治疗期间,在规定的医疗期内由企业按有关规定支付其病假工资或疾病救济费,病假工资或疾病救济费可以低于当地最低工资标准支付,但不能低于最低工资标准的80%。

上海市劳动局《关于加强企业职工疾病休假管理保障职工疾病休假期间生活的通知》

第四条 职工疾病或非因工负伤连续休假在6个月以内的,企业应按下列标准支付疾病休假工资:连续工龄不满2年的,按本人工资的60%计发;连续工龄满2年不满4年的,按本人工资的70%计发;连续工龄满4年不满6年的,按本人工资的80%计发;

连续工龄满6年不满8年的，按本人工资的90%计发；连续工龄满8年及以上的，按本人工资的100%计发。

职工疾病或非因工负伤连续休假超过6个月的，由企业支付疾病救济费，其中连续工龄不满1年的，按本人工资的40%计发；连续工龄满1年不满3年的，按本人工资的50%计发；连续工龄满3年及以上的，按本人工资的60%计发。

《广州市职工患病或非因工负伤医疗期管理实施办法》

第十一条 职工享受的疾病津贴（病假待遇）标准，按下列办法计发：

一、对在12个月内病假累计不满6个月的职工，本年的病假工资，以上年度本人月均工资总额（下称月均工资）为基数，如超过上年度市属（县级市，下同）职工月均工资，则以上年度市属职工月均工资为基数，连续工龄不满5年，按45%发；满5年不满10年，按50%发给；满10年不满20年，按55%发给；满20及以上，按60%发给。获得各级政府授予劳动模范（先进生产工作者）称号的职工，按65%发给。享受建国前参加革命工作离休、退休待遇的职工，按70%发给。

二、对在12个月内病假累计满6个月及以上的职工，本年的疾病救济费，以上年度本人月均工资总额为基数（如超过上年度市属职工月均工资，则以上年度市属职工月均工资为基数），连续工龄不满10年，按40%发给；满10年不满20年，按45%发；满20年及以上，按50%发给。

获得各级政府授予劳动模范（先进生产工作者）称号的职工，按55%发给。享受建国前参加革命工作离休、退休待遇的职工，按60%发给。从下年度起，单位按不低于本企业职工工资增长的70%

水平,适当调整长期病休待遇。

三、单位根据实际,可在上述计发比例的基础上提高5%-10%的比例计发病假待遇。

四、按上述标准计发病假待遇后,如低于本市规定的最低工资标准80%的,需给予补足;如超过本人本年正常上班月(日)均工资收入的,按本人本年正常上班的工资收入的80%发给。

CASE 028

《劳动合同法》

第四十条 有下列情形之一的,用人单位提前三十日以书面形式通知劳动者本人或者额外支付劳动者一个月工资后,可以解除劳动合同:

(一)劳动者患病或者非因工负伤,在规定的医疗期满后不能从事原工作,也不能从事由用人单位另行安排的工作的;

(二)劳动者不能胜任工作,经过培训或者调整工作岗位,仍不能胜任工作的;

(三)劳动合同订立时所依据的客观情况发生重大变化,致使劳动合同无法履行,经用人单位与劳动者协商,未能就变更劳动合同内容达成协议的。

《违反和解除劳动合同的经济补偿办法》

第六条 劳动者患病或者非因工负伤,经劳动鉴定委员会确认不能从事原工作、也不能从事用人单位另行安排的工作而解除劳动合同的,用人单位应按其在本单位的工作年限,每满一年发给相当于一个月工资的经济补偿金,同时还应发给不低于六个月工资的医疗补助费。患重病和绝症的还应增加医疗补助费,患重病的增加部分不低于医疗补助费的百分之五十,患绝症的增加部分不低于医疗补助费的百分之百。

上海市劳动和社会保障局《关于贯彻市政府〈关于本市劳动者在履行劳动合同期间患病或者非因工负伤的医疗期标准的规定〉的有关意见》

医疗期按劳动者在本单位的工作年限设置,劳动者在本单位工作期间累计病休时间超过按规定享受的医疗期,用人单位可以依法与其解除劳动合同。

CASE 029

《企业职工患病或非因工负伤医疗期规定》

第三条　（具体内容参见 CASE 027）

第四条　医疗期三个月的按六个月内累计病休时间计算；六个月的按十二个月内累计病休时间计算；九个月的按十五个月内累计病休时间计算；十二个月的按十八个月内累计病休时间计算；十八个月的按二十四个月内累计病休时间计算；二十四个月的按三十个月内累计病休时间计算。

第六条　企业职工非因工致残和经医生或医疗机构认定患有难以治疗的疾病，在医疗期内医疗终结，不能从事原工作，也不能从事用人单位另行安排的工作的，应当由劳动鉴定委员会参照工伤与职业病致残程度鉴定标准进行劳动能力的鉴定。被鉴定为一至四级的，应当退出劳动岗位，终止劳动关系，办理退休、退职手续，享受退休、退职待遇；被鉴定为五至十级的，医疗期内不得解除劳动合同。

第七条　企业职工非因工致残和经医生或医疗机构认定患有难以治疗的疾病，医疗期满，应当由劳动鉴定委员会参照工伤与职业病致残程度鉴定标准进行劳动能力的鉴定。被鉴定为一至四级的，应当退出劳动岗位，解除劳动关系，并办理退休、退职手续，享受退休、退职待遇。

《劳动合同法》

第四十条　（具体内容参见 CASE 028）

轻松一刻

李　雷：老婆，那天说的试用期的事，我还是有点事想不明白。

韩梅梅：你怎么了？管好自己的事吧，你自己还在试用期内呢。

李　雷：所以说啊，老是想东想西的，也不知道该不该说。

韩梅梅：你别吓唬我啊。你怎么了？可别有坑蒙拐骗的事啊，否则，我就先饶不了你！

李　雷：那我说了你不生气？

韩梅梅：我已经生气了，你赶紧老实交代！

李　雷：我觉得你们公司管理有问题！

韩梅梅：有什么问题？

李　雷：我觉得那人既然是提供的虚假学历，你们应该在办理入职前就把这件事查清楚。要是之前就查得水落石出，直接不予录用就完了，直接把狼关在门外多省事！好嘛，把狼就这么放进来，即便把牢补上了，那羊也是死一只少一只啊！而且万一是在试用期后才查出来这事，你们不更被动啊，到时候拿什么打狼啊。

韩梅梅：你说完没说完？

李　雷：没说完，说直接点吧，根子还在你们部门的问题！

韩梅梅：哼，你以为我们不知道这些！？我们本来要按正规流程办，但销售部一口咬定这人不会有问题，逼着我们赶紧给这人办入职，急得跟什么似的。结果呢，还不是最后推给我们解决。

李　雷：原来 HR 有这么多的苦衷啊！我只看到老婆威猛的一面，原来女人，尤其是做 HR 的女人，还有很多面……

韩梅梅：人家一个弱女子……

李　雷：老婆，我觉得你得把在家里的强势分出十分之一给用人部门那些人，不，百分之一就够。该坚持还是得坚持，只要按正规流程办，就不会有风险了。你也不用操那么多心，心疼 ing……

韩梅梅：你说的都对，这些道理我也知道。不过 HR 部门本身就是在规范管理和满足用人需求之间找平衡，是一门需要懂得妥协、制衡的管理艺术！

李　雷：我不懂 HR……

韩梅梅：你不懂我……

李　雷：你是我穷尽一生都解不开的谜……一首读不懂的诗……

姐姐妹妹站起来

员工：头胎是个儿子，我冒了多大风险生二胎，幸好二胎是个女儿。哈哈，我现在也是儿女双全的人啦。不过，生完老二之后，虽然我也处于产假期间，但是与第一次产假不同，我的生育津贴没有了，工资也没有了。这是不是违反了女职工保护的法律法规呢？另外，生完老二后我的状态不错，产假期间都能去单位上个班，这算不算加班呢？

人事：你和你丈夫不满足生二胎的条件，而生育津贴就是产假期间的工资，生育津贴申领需要提供生育服务。现在由于你的原因导致无法申领，由此产生的责任也应由你自行承担。至于您提到的在产假期间来工作，由于产假是有特殊意义的休息期间，因此难以用支付加班费或倒休补偿的。建议你还是好好在家休息吧。

↳ ①再婚职工是否享有婚假及晚婚假

↳ ②生二胎的员工是否享受晚育假

↳ ③已参加生育保险的员工，生育津贴是何标准

↳ ④员工生第二胎，头胎是外国籍，二胎是中国籍，能否享受

产假和工资

↘ ⑤女职工人工流产的,是否享受产假

↘ ⑥员工处于孕期,医院开具休假建议,此种情况员工休假是否属于病假

↘ ⑦企业已经支付了员工产假工资,但是员工产假后不配合提交相关材料,导致企业无法领取生育津贴,企业是否能够以不当得利为由向员工追偿

↘ ⑧产假期间企业可否不发放产假工资,由生育津贴统一支付

↘ ⑨"独子费"当年未申领的,是否可要求企业补发

↘ ⑩员工放弃3年"独子费"要求3个月产假,企业可否不批

↘ ⑪企业可否要求员工提供产检报告以证明员工怀孕

CASE 030　生育津贴与产假工资是什么关系

Bob：　Hi，Adam！又有事情来麻烦你了！

Adam：别客气，有什么需要我帮忙的？

Bob：　我想咨询你一些关于生育津贴的问题。

Adam：这……

Bob：　其实我是想帮我老婆再问问，我觉得他们单位的 HR 太不专业。

Adam：这样啊，那你说吧。

Bob：　生育津贴跟产假工资是什么关系啊？

Adam：生育津贴可以理解为员工产假期间工资的一部分，但可能不完全是员工产假期间的工资。

Bob：　哦？这是为什么呢？

Adam：这和生育津贴的计算标准有关。生育津贴是按照用人单位上年度职工月平均工资的标准确定的，如果员工的约定工资高于用人单位的平均工资，那么生育津贴就不足以涵盖员工的产假工资。

Bob：　那出现这种问题怎么办呢？

Adam：这时候用人单位就应当按照员工的约定工资给员工补足差额部分。

Bob：　咦，那如果生育津贴的标准高于员工的约定工资怎么办呢？从生育保险基金中申领到的多出的部分是可以留给用人单位吗？

Adam：我正想说这个问题呢！在北京来讲是不能够留给用人单位的，必须都发给员工。

Bob: 那看来我老婆他们单位对这事儿真是理解得不太对!他们的生育津贴就比我老婆的工资高,但他们说生育津贴多出的部分用人单位可以扣留。我得让我老婆找他们单位理论,捍卫自己的权利!

一家之言 根据《女职工劳动保护特别规定》及生育保险相关规定,生育津贴视为产假工资,且用人单位不得在女职工孕期、产期、哺乳期期间降低其工资待遇,因此,生育津贴标准低于员工本人实际工资的,用人单位应当就差额部分进行补足。例如,在北京、上海、广州地区都有明确规定:生育津贴标准低于员工本人实际工资的,用人单位应当就差额部分进行补足。生育津贴标准高于员工本人实际工资的,用人单位应当全额支付生育津贴,不得扣除。

CASE 031　二胎标准及流产假期间生育津贴怎么确定

B：哈喽，Adam，又来打扰你啦！

A：Hi，Bob，这次又是什么事啊……

B：是我老婆同事的事。他们公司的人事在生育政策这方面不太擅长。上次不是跟你说了嘛，连生育津贴和产假工资的关系都讲不清楚。这回是这样的：我老婆的同事已经有一个孩子了，这回生了个二胎，他们公司竟然给了 98 天正常产假及 30 天晚育奖励假。这怎么也不能算晚育吧？

A：嗯，国家规定的晚育是 24 岁初育的。他们公司人事再不擅长，也不会有这种错误吧。话说她第一个孩子是中国国籍吗？

B：她家老大可牛了，是美国籍！

A：哦，我说嘛，这就对了。按她这种情况，她的第一胎不算中国计划生育之内，所以她这第二胎在中国范围内实际上却算头胎。

B：原来是这样！我老婆马上也要生二胎，我们也想去外面生啊。

A：去外面生的话产假期间就没有工资了啊，你和你老婆不是符合计划生育政策、可以生二胎吗，干吗要去国外生？

B：是嘛？二胎去国外生就没有产假工资了？那产假呢？

A：产假应当有，但因为生育津贴无法办理，所以没有产假工资，相当于放假不发工资。你其实也可以理解为你老婆请了事假，只是这种事假单位不能够不同意。

B：哎，同样是二胎，差别怎么这么大呢？

A：你应该这样想啊，你老婆生二胎的待遇和她生头胎时是一样的，所以你得统一起来看这个问题。总的来说，她们享受的待遇是一样的，只是时间不同而已。

B：你这样一说我就想明白了。Adam，还是你最专业了！还有啊，他们公司特别逗：有个女同事流产了，公司给了假，大家都以为是安慰性质的假期，但公司竟然说是产假？！

A：流产假确实是国家相关规定的，可以理解为产假的一种形式，对于怀孕时长不同的女员工，有不同的流产假标准。

B：哦，还真的有这个假啊，我又长知识了。那也能领生育津贴吗？！

A：符合生育政策的就可以啊！

> **一家之言**
>
> 　　晚育奖励假是国家计划生育政策中的一项鼓励政策，其旨在鼓励那些响应国家计划生育政策的行为。所谓计划生育其本质上是限制人口增长，因此奖励的也是有助于限制人口增长的行为，而只有加入中国籍并在中国范围内落户的才能算做中国的人口，才有"限制"的意义。
>
> 　　生育津贴为女职工产假工资，但生育津贴可以申领的前提是符合国家及地方的计划生育规定，因此违反计划生育规定生产的，不能够申领生育津贴，企业也无义务支付其产假工资。但产假系《女职工劳动保护特别规定》的规定，与政策无关，无论是否违反计划生育政策，员工均应当享有。

CASE 032　孕期病假怎么办

J: Hi，Adam，跟你讨论个问题！
有个女同事怀孕了，说胎儿不稳定，想休假。应该怎么给假啊？

A: 她没有提交诊断证明或医嘱之类的吗？

J: 有啊，这不是嘛！"先兆性流产，建议卧床休息两周"。

A: 那就是安排她休两周病假。

J: 可她是因为怀孕而导致的休假啊？

A: 我明白你的困惑，但你要这样想：她因为怀孕而产生的不适宜工作及活动的状态和她因为腿扭伤而不能来上班本质上是一样的，都是因身体不适而导致需要休息的状态，这就是病假状态啊。而且孕期的女员工只有从生产前15天才能开始休产假，所以现在这显然也只能是病假啊。

J: 哦，你这么一说我就明白了！那咱们就按照病假工资发放么？

A: 对啊，既然是病假，工资标准当然是按病假工资来发啦。你知道咱们公司的病假待遇吗？

J: 不是北京市最低工资的80%吗？

A: 不是啦。咱们公司待遇好，病假工资是咱们基本工资的80%，比法律最低标准要高。

J: 那来咱们公司还真是来对了！

> **一家之言** 依据各地的地方性法规，一般对于病假工资只有最低限度的规定，企业不得低于这一标准履行义务，即如果企业和劳动者约定的标准低于相关规定，那么双方约定无效，但当劳动者和企业之间的约定高于相关规定时，以双方约定为准。

CASE 033　境外生育的生育津贴能领吗

小　刘：经理，您听说没有啊，销售部"五朵金花"里的"韭菜花"生孩子了。

经　理：生就生呗，又不是我家的。我说小刘啊，你成天不好好干活，一会儿关注谁谁谁流产了，一会儿关注谁谁谁生孩子了，你到底还想不想干了？

小　刘：不是啊，经理，您可能不知道，她不是正常怀的，是用的试管。

经　理：啥？试管婴儿？这么棒？！

小　刘：可不是么，她家那口子是个外国友人，专门跑美国生的孩子，可"高大上"了。

经　理：呵呵，怪不得呢。她家孩子长啥样啊，卷毛子蓝眼睛？

小　刘：这倒不知道，不过听说是个女孩，长得跟芭比娃娃似的。

经　理：啧啧，混血就是牛啊，女的漂亮，男的帅。我跟你说，尤其是女的，个顶个都是明星胚子，将来参加个什么选美比赛的，肯定前三。

小　刘：而且听说这孩子将来肯定不在国内发展了，好像已经入美国籍了。

经　理：可惜啊可惜，现在国家优秀人才流失得相当严重，尤其是一些华人生下来就加入了外国籍。咱们国家要想真正民主富强，看来还有很长一段路要走啊。

小　刘：是啊，经理，"韭菜花"这回去美国都不打算回来了，说是等歇完产假就给咱们交辞职信。那您说这产假期间的工资咱还发不？

经　理：原来跟这等着我呢。告诉你吧，生育津贴就是产假工资，像"韭菜花"这样在国外生育的情况，肯定是没有生育服务证的，没有生育服务证的话，"人社局"是不会批生育津贴的，没有生育津贴还发个毛工资啊。

小　刘：噢，我懂了，也就是说她这种情况肯定领不了生育津贴，那企业也就没有义务发放产假工资了。那咱们还像小徐那种情况一样，咱公司自己给韭菜花发钱吗？

经　理：你脑子进水了吧？我问你，你觉得她还会回来吗？

小　刘：回国工作？那肯定不会了啊。一入豪门深似海，哪还能走回头路啊。

经　理：那不就得了，既然肯定不会回来上班，你给她发工资是积德行善啊还是仗义疏财啊？咱公司最近上市的事要黄了，哪还有闲钱照顾外籍友人？

小　刘：噢，好吧，这就是人才流失啊。

经　理：话可不能这么说，"韭菜花"出国跟咱们公司没有超出相关规定的标准给她发工资没有半毛钱关系。你就说咱们北京也算国际化大都市，要什么有什么，应该能留住人吧。就这样的情况每天上下班交通堵得比蜗牛还慢，每回看病去医院队排得比长城还长，每天呼吸的空气比臭鸡蛋还致癌，更别提现在北京的房价高得不合理，在澳洲买套别墅的钱只能在北京五环外买个厕所了。

小　刘：是啊，经理，现在人都说十几年前政府宣传的是计划生育好、政府来养老，几年前改成了计划生育好、政府帮养老，可现在却改成了养老不能靠政府，还要出台推迟退休年龄的政策。

经　理：其实国家的综合竞争力和人才吸引力绝不单单是靠政府的几个政策来解决问题的，我相信就算政策改了，即便像"韭菜花"这样的情况可以领生育津贴，她也不会回来的。关键的问题是国家的经济实力上去的同时，像医疗、教育、住房、交通这样的民生环境也能得到彻底的改善，能够让人们感觉生活舒服的同时政府的腐败少一点，自己的劳动剩余价值没有过多地揣进个别人的兜里。我相信到了那天咱们才真正称得上民主富强，那些海外的游子才能基于自身的需求，而不是祖国的需求回到自己的国家。

小　刘：经理，您说得太好了！让我想到了费翔的那首《故乡的云》——归来吧，归来呦，浪迹天涯的游子。

> **一家之言**
>
> 根据《生育保险条例》及《女职工劳动保护特别规定》，生育津贴视为产假工资。而依据各地的生育保险法规、政策，申领生育津贴应当符合国家计划生育政策并提供生育服务证等相关材料，因此员工在国外生育的情况下，无法与国家计划生育政策相协调，亦无法办理生育服务证等文件，因此无法申领生育津贴。

CASE 034　流产假有什么标准

小模丈： Apple，明天我想请一天事假，可以么？

Apple： 好的，家里有什么事么？

小模丈： 是的，明天要陪老婆去医院做一下流产手术，呜呜呜……

Apple： 有小宝宝了啊！多好的事情啊，怎么不生下来啊？

小模丈： 哎，我也想要啊，可惜这是老二了，我俩都不符合国家规定的生二胎的条件啊。

Apple： 这样啊，那挺遗憾的。孕期多长时间了啊？

小模丈： 已经17周了，她一直舍不得，天天以泪洗面，纠结得不得了。

Apple： 哦，那做完手术能有42天的产假。多开导开导你老婆，让她好好休息啊。

小模丈： 是么？真的么？怎么我老婆公司的HR说，做人工流产的不享受产假待遇呢？

Apple： "矮马"，你老婆公司的HR是计算机系毕业的吧，让她好好查查法律、法规去……

一家之言

《女职工劳动保护特别规定》规定，女职工怀孕流产的，按照所处月份不同，所享受产假也不同。法律对自然流产还是人工终止妊娠未作区分，因此应当一视同仁，孕期流产的女职工均应享受相关规定的产假待遇。

CASE 035 因个人原因造成生育津贴无法领取，企业就已垫付费用可否追偿

J：Adam！最近遇到了个问题，需要跟你商量一下。

A：你说吧！

J：咱们单位的产假工资，一般都是产假期间正常发放，然后等员工产假后提供相关材料去申领生育津贴，领回来之后多于之前发放的返还员工，少于之前发放的不再扣回么？

A：是啊，有什么问题么？

J：最近有个员工，咱们要求她提交材料，她特别消极，总是敷衍，也不知道在想什么。

A：哦，那咱们有书面通知吗？

J：目前还没有。

A：哦，那要是做准备走法律途径追讨损失的话，就需要保留好咱们通知她提交材料的证据。

> **一家之言** 生育津贴在性质上属于员工产假期间的工资，因此只要企业领取了生育津贴并且发放至员工，企业就尽到了支付员工产假工资的义务。企业在生育津贴的领取之前已经支付了员工工资，但因员工个人原因导致无法申领的，企业当然可以要求员工偿还，甚至可以主张合理的利息。但在上海的实践中，生育津贴由员工本人自行申领，企业在产假期间并不支付员工工资，从而在一定程度上避免了此类风险。

CASE 036　产假期间工资如何发

HR：　　小孙啊，不好意思，没出月子就打电话骚扰你哈，孩子挺好的吧？

小　孙：挺好挺好，咋能说骚扰呢。您说吧，啥事？

HR：　　哦，就是产假期间工资的事情，需要你选择一下发放的办法。

小　孙：都有啥选项啊？

HR：　　选项一，和你休产假之前发工资的模式一样，正常发，正常上"社保"，正常计税。

小　孙：嗯。

HR：　　选项二，先不发工资，等你休假回来提交了孩子出生的相关材料，我们拿着材料去给你申领生育津贴，津贴领回来之后，扣掉"社保"的部分全给你，就不用上税了。

小　孙：不发工资啊？那我这几个月就有点紧张了。

HR：　　没关系。我这不是让你自己选呢么，你可以选第一种，但是就是纳税方面亏点儿。

小　孙：哎？我听我同学说他们单位在照常发工资的基础上，还给发生育津贴。

HR：　　啊？拿两份儿啊？咱们公司不太可能，那是人家那种福利好的单位，咱们就是按照相关规定办。

小　孙：那就是不能两个都拿是吧？

HR：　　嗯，只能选一个。

小　孙：那工资和生育津贴哪个多啊？

HR：　　我觉得吧，你是拿生育津贴划算，因为生育津贴的基数用

145

的是企业平均工资，不是你的工资，咱公司的平均工资比你的工资高好多呢。

小　孙：啊，是嘛?! 那我肯定是要生育津贴啊！可是这好几个月不发钱，我这生活也成问题啊。

HR：哎？要不这样，这个生育津贴只要材料齐了就能领，你也别等休假回来了，你这两天就把材料整理整理，让你爱人送过来不就得了，我们收到材料就马上去给你办！

小　孙：哎！好嘞！

> **一家之言**
>
> 　　生育保险政策是国家社会保险统筹的一部分，依据各地经济、人口发展水平的不同，统筹的形式、办理的要求都不同，生育津贴究竟是由用人单位办理申领，还是由员工个人办理申领，在全国各地执行操作方面存在差异，例如，在广东地区，根据《广东省职工生育保险规定》，职工按照规定享受产假……其生育津贴由用人单位按照职工原工资标准逐月垫付，再由社会保险经办机构按照规定拨付给用人单位。在上海地区，企业在产假期间并不支付员工工资，而是由员工本人自行申领生育津贴。在没有明确规定的地区，用人单位可以与劳动者协商确定在生育津贴申领之前暂时不发放工资。

CASE 037　哺乳假能集中休吗

小　张：老板，我要去纽约休产假。

老　板：啊？为什么啊？

小　张：这样，孩子不就具有美国国籍了么？

老　板：你这都快九个月了，适合长途旅行么？

小　张：没事，我皮实着呢，我老公给订的头等舱，累不着。

老　板：那你啥时候回来啊？

小　张：休完产假就回来呗，不耽误正常上班的时间。

老　板：那你这是一共得休多少天啊？

小　张：98天加上晚育假，一共128天呗。要是剖宫产的话，可能再加个30天，那就是158天，差不多就是五个半月呗。或者我再把哺乳假合起来休，每天一个小时，一年是261个工作日，合起来就是261小时。咱一天工作8小时，除下来就是32天多一点，也就是一个月。

老　板：哺乳假还能合着休呢？那不是为了给孩子喂奶才休的吗？你家娃可以集中一个月吃奶，以后就不吃了？

小　张：嗨，何必那么认真呢。那你要那么说，孩子也不是就只有早上一个小时需要哺乳啊，人家也一天好几顿饭呢。

老　板：哦，这样啊，不太好吧？

小　张：我这不是在国外吗，这么休，多方便计算啊，而且等我回来以后就完全照常上班了，也不用每天晚来一个小时了，工作上不是也好安排吗？

老　板：哦……这个……那你孩子不上北京户口啦？我听HR说，申领生育津贴是需要提供孩子的出生证明、户口本什么的吧？

小　张：出生证明我可以提供啊，跟户口本什么关系啊？我生的孩子不占咱中国的名额不是好事儿吗？这是积极响应计划生育政策的啊。

老　板：哦，这个是这样解释的吗……

小　张：你看哈，我给你分析一下：生育津贴呢，是因为生育才给的补贴，不是因为"被生育"才给。这个钱呢，是补给妈妈的，不是给爸爸的，也不是给孩子的，所以跟孩子上不上户口有啥关系？跟我的孩子什么国籍又有啥关系？

老　板：哦，我这不是怕你领不下来生育津贴吗？

小　张：我觉得不可能领不下来，我只要证明我的孩子什么时间出生的，不就行了？

老　板：那你那边的出生证明是外文的吧？人家办理的机构收不收外文材料啊？

小　张：那我就做个翻译，再做个公证认证。这行了吧？

老　板：行不行不是我说了算啊，我这是提醒你，别到时候领不到。

小　张：领不到那不还有单位呢吗？单位得给我发工资吧？

老　板：啊？产假工资不就是生育津贴吗？哪还有别的工资啊？

小　张：这你又不懂了吧。我昨天问HR了，咱公司是产假期间先给照常发工资，等产妇回来上班了，提交了生孩子的相关材料，公司再去申领生育津贴，那个津贴实际上就是对单位支付了这段时间的工资的一个补偿。

老　板：啊？那你这个要是回来之后领不到生育津贴，那公司不就亏了？

小　张：所以公司得去跟相关机构做工作啊，就得让它们认可我的材料啊。

> **一家之言**
>
> 《女职工劳动保护特别规定》第七条中规定难产的增加产假15天，并非小张所言的30天[但各地可能存在不同规定，如《广东省职工生育保险规定》第十六条第一款第（一）项中规定，难产的，增加30天产假]；且因小张在国外生产，根据实际操作经验无法办理生育服务证，因此无法申领生育津贴。此种情况下企业并无支付员工产假工资的法定义务。

CASE 038 独生子女费当年未领取可否追溯

小　刘：经理，刚才销售部的王姐找到我，说她家那孩子今年马上18周岁了，想把"独子费"领出来。

经　理：这点小事还来烦我，我看你是真的不胜任工作啊。

小　刘：不是，经理，您别生气，她不是情况有点特殊么。

经　理：怎么特殊法？她家就一个孩子？

小　刘：是啊，就一个孩子。

经　理：有没有独生子女父母光荣证？

小　刘：都是齐全的。

经　理：那还废什么话，给她把今年直到孩子满18周岁的独子费发了呗。

小　刘：可问题的关键是她不光要今年的，跟我说自打她家孩子生下来一直都没领过，想把之前的都领回去。

经　理：这样啊，那你怎么看？

小　刘：经理，我查了《北京市人口与计划生育条例》，里面确实写了一对夫妻生育一个子女后不再生育，其子女在18周岁以内的，由夫妻双方申请，经所在单位核实，由女方户籍所在地乡镇人民政府或者街道办事处发给独生子女父母光荣证，凭证享受每月10元独生子女父母奖励费，奖励费自领取独生子女父母光荣证之月起发至其独生子女满18周岁止。法条写得很清楚，可是我总觉得有点别扭。

经　理：你小子还算有长进，你看的《计划生育条例》没有错，但是王姐这个问题的关键在另外一个法条里，你回去找一下京计生委字［2003］112号发的《关于落实〈北京市人口与计划生育条例〉规定的有关奖励等问题的通知》，里面明确了独生子女父母奖励费夫妻双方各发给50%。原则上应当按月发放，经发放单位同意，也可以每年领取一次。当年没有领取的，不予补发。

小　刘：噢，原来是这样。

经　理：王姐她之前找咱们要过这个钱吗？

小　刘：没有啊，她从来没跟咱们说过，咱们都不知道她的情况啊。

经　理：我印象中王姐之前在政府上班，两年前才下海来的咱们公司吧？

小　刘：是啊，您真不愧是经理啊，每个员工的情况基本上都了解。

经　理：这个政策规定虽说向着咱们企业，但确实有点问题，人家员工不知道这个法条的肯定也不会想着每年找单位要一次。这样吧，之前她在政府上班的时候领没领过咱们确实不清楚，也跟咱们没关系，你核实一下她在咱公司上班这两年，如果确实没有领过，咱们就给补发了吧，反正也不是大钱。

小　刘：经理您真是活菩萨再世啊！

经　理：跟王姐说的时候把法条解释清楚，别最后干了好事人家还不买你好，听见没？

小　刘：听见了，又跟您学了一招。

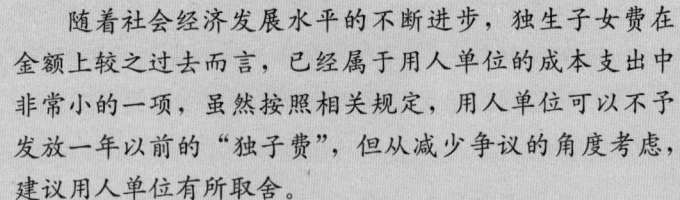

一家之言 随着社会经济发展水平的不断进步,独生子女费在金额上较之过去而言,已经属于用人单位的成本支出中非常小的一项,虽然按照相关规定,用人单位可以不予发放一年以前的"独子费",但从减少争议的角度考虑,建议用人单位有所取舍。

CASE 039　放弃领取独生子女费能否休三个月产假

小　刘：经理啊，最近咱们公司生孩子的特别多，尤其是销售部的，五朵金花中有三个都当妈了。

经　理：怎么，你是感慨故人已成明日黄花啊，还是真的替自己着急了？

小　刘：嗨，都没有。这不"五朵金花"里的"霸王花"前些日子刚生的孩子，现在搁家歇产假呢么。

经　理：又有不懂的问题了是吧？我干脆把你辞了，自己一个人干得了，要你也没用。

小　刘：别介啊您，实在是她问的问题太偏了，我真是没遇到过啊！

经　理：行了，你快说吧。

小　刘：她那意思是这回生的是第一胎、符合计划生育的标准，她想多休3个月的产假，说计划生育奖励费可以不要了。

经　理：哼，她想得真美啊。

小　刘：是吧，其实我一听就觉得不是那么回事。哪有这样的规定，要是真这么规定的话，咱公司还不得亏死了。

经　理：实话跟你讲吧，确实有这样的规定。

小　刘：啊?! 不是，经理，您别开玩笑啊，哪有这样的规定啊？

经　理：我这么耿直的人，像是在跟你看玩笑吗？

小　刘：您真没开玩笑？哪咱们怎么办啊？

经　理：行了，也不跟你卖关子了，你小子记好了：《北京市人口与计划生育条例》里确实规定了女职工除享受本条例规定的休假外，可以再增加产假3个月，但减免3年独生子女父母奖励费。

小　刘：不会吧，还有这样奇葩的规定!?

经　理：哈哈，但是你也别慌，这个规定有个前提，就是员工的休假要经过所在单位批准，换句话说，如果单位不同意的话，员工是不能额外休3个月假的。

小　刘：噢，原来如此。我就说嘛，要是没有这个前提的话，这个规定是要整死企业的节奏啊。

经　理：其实你也没必要有这么大的反应。这个条例是2003年出台的，距离现在也十多年了。时代在发展，在当时的环境背景下，为了鼓励企业职工计划生育、优生优育，所以研究出了一个这样的规定。当时还真有不少企业同意员工的休假申请呢。

小　刘：当时的人真是很傻很天真啊。

经　理：现在可不一样了，独子奖励费一个月才5块钱，员工多休一个月企业损失的效益上万元，这其中孰重孰轻自然不言而喻了。

小　刘：我估计现在肯定没有几个单位同意了。

经　理：也不尽然，凡事没有绝对。如果这个员工对单位特别重要，为了尽可能满足员工的要求，防止员工跳槽到其他竞争对手处的话，有些单位还是会同意员工的请求的。

小　刘：明白了，您还别说，那"霸王花"她还真是销售部一枝花，部门一半以上的业绩都是她完成的。那咱是同意还是不同意啊？

经　理：这事问他们经理老张，你把我的话跟他转述一遍，同不同意让他做主吧。

小　刘：得嘞，遵命。

> **一家之言**
>
> 3年"独子费"与3个月产假相比，二者对企业的影响不在一个重量级别。另外一个需要考虑的问题是：如果同意员工的请求，多出来的3个月产假能否申领生育津贴？如果不能申领，是否需要企业自行承担员工产假工资。关于这些问题目前尚没有明确的规定。实践中即便有员工提出这样的请求，企业可以根据本企业特点与员工实际情况自主决定是否同意。

CASE 040　产检是否应当正常支付工资

小　刘： 经理，销售部张经理有急事找您。

经　理： 呦，这不是老张吗，好久不见啊。你坐拥公司"五朵金花"，乐不思蜀得都忘了兄弟了吧，哈哈。

老　张： 老李啊，你就别取笑我了，都快愁死我了。

经　理： 看你那一副吃了"翔"的表情就知道你遇到麻烦事了，什么事，说来听听。

老　张： 我那"五朵金花"不是已经有三个都当妈了么，这办公室本来就缺人手，现在倒好，就连最小的那个"金银花"都怀孕了，三天两头去产检，活都没人干了。

经　理： 那你就再招个人呗，咱不能阻止人家结婚生孩子不是，这繁衍后代可是大事。

老　张： 要是那么容易招人就省事了，可哪那么容易招上啊。

经　理： 这倒也是。不过这事我可帮不了你，你也知道，我们做HR的不负责招聘，不过，我私人碰到合适的人选会给你推荐的。

老　张： 兄弟先谢过了。今天找你来不是谈招人的事，只是我看这都一个月过去了，这个"金银花"的肚子一点变化都没有，成天花枝招展地扭着小蛮腰。你说她是不是假怀孕啊？

经　理： 这我哪知道啊，我又不是妇产科大夫。

老　张： 反正我是有点不相信了，你看咱有没有什么招没有，比如让她把产检报告交到公司来咱们看看？

经　理： 行啊，这事你跟她说了没有？

老　张：说了啊，可这小丫头说什么这属于她的个人隐私，不方便透露。我就想问：我雇她来上班，每月正常给她发着钱，她去产检难道不能给单位一个交代吗？

经　理：老张啊，你也别生气。不过话说回来，从法律意义上来说，她确实没有把产检报告的内容都告诉单位的义务，这个确实属于她的个人隐私。如果她不同意的话，确实没辙。咱们最多只能要求她提供一下医院相应科室的假条，用以证明她确实去医院进行产检了。

老　张：嘿，真是翻身农奴把歌唱了啊。那她三天两头去产检，咱们真就一点招都没有了？能不能扣她当天工资啊？

经　理：你就别想那些歪门邪道的了，只要是正常的产前检查，都是视为正常劳动，单位都应该照常发放工资的。

老　张：我勒个去，想我老张纵横职场几十年，这回还真让她"金银花"给治了？

经　理：你也别不服了。实话跟你说吧，现在的女职工，尤其是三期女职工，她就跟亲奶奶一样，什么劳动局、仲裁委员会，还有各级的法院，都对她们有特别倾斜的保护的。你这回属于大浪拍在沙滩上还得啃一嘴泥，就认了吧。

老　张：唉，还是趁延迟退休政策没出来赶紧退休吧，干不动了。

一家之言　因产检报告与产检证明在内容上存在区别，企业有权要求员工提供自己参加产前检查的证明以确定是否应视为正常劳动并支付工资，但即便如此，企业仍无权要求员工披露产前检查的内容及结果等涉及个人隐私的内容。

小 结

- ①劳动和社会保障部办公厅《关于对再婚职工婚假问题的复函》规定:"根据《中华人民共和国婚姻法》和国家有关职工婚丧假的规定精神,再婚者与初婚者的法律地位相同,用人单位对再婚职工应当参照国家有关规定,给予同初婚职工一样的婚假待遇。"该条规定突出强调了再婚与初婚的平等性,用人单位应对再婚者给予与初婚者一样的婚假待遇。

- ②各地的人口计划生育条例中一般规定"已婚妇女年满二十四周岁初育的为晚育",可见享受晚育假的前提条件是女方"初育",因此,生二胎的员工不满足享受晚育假的条件。

- ③根据《女职工劳动保护特别规定》,生育津贴视为产假工资,生育津贴标准低于员工本人实际工资的,用人单位应当就差额部分进行补足。

- ④产假在性质上是给予生育员工的休养期间,因此无论是否违反计划生育政策,员工均享有产假。但生育津贴的申领的前提是符合国家及地方的计划生育规定,因此违反计划生育规定生产的,不能够申领生育津贴,则企业也无义务支付其产假工资。

- ⑤无论是自然流产还是人工终止妊娠,孕期流产的女职工均应享受相关规定的产假。

- ⑥员工在孕期休病假,也属于病假。

- ⑦生育津贴在性质上属于员工产假期间的工资,但是生育津贴的领取在生育后一定时间。企业在生育津贴的领取之前支付员工工资不是法定义务，系债权债务关系，此时因个人问题导致无法申领的，员工构成了不当得利，企业可以追偿。
- ⑧生育津贴就等于员工产假期间的工资，实践中生育津贴的领取往往在生育后一段时间，但是这段期间不应认定单位未发放工资。
- ⑨法律法规对于"独子费"的申请时效没有进行规定。
- ⑩根据《北京市人口与计划生育条例》，女职工除享受产假即晚育假外，经所在单位批准，可以再增加产假3个月，但减免3年独生子女父母奖励费；对于员工提出的放弃3年"独子费"要求3月产假问题，企业可以根据本企业特点与员工实际情况自主决定是否同意。
- ⑪企业有权要求员工提供自己参加产前检查的证明以确定是否怀孕及工资发放问题，但无权要求员工披露产前检查的内容及结果。

温馨提示

《女职工劳动保护特别规定》第七条规定："女职工生育享受98天产假。"所以妇女生育休产假是法定的，不管其生育是否符合计划生育政策，员工提出要求休产假，企业都应当无条件地批准。这样规定是为了保障产妇能够恢复身体健康。但与此同时，我们也必须区别"产假"与"产假待遇"这两个不同的概念：产假待遇指的是生育津贴，而生育津贴的申领需要员工提供符合条件的材料，如结婚证、生育服务证等，如果因为员工的原因无法申领生育津贴的，一般来讲，企业是可以不予支付产假期间的工资的。

相关规定

CASE 030

《女职工劳动保护特别规定》

第八条（第一款） 女职工产假期间的生育津贴，对已经参加生育保险的，按照用人单位上年度职工月平均工资的标准由生育保险基金支付；对未参加生育保险的，按照女职工产假前工资的标准由用人单位支付。

《北京市企业职工生育保险规定》

第十五条第二款 生育津贴为女职工产假期间的工资，生育津贴低于本人工资标准的，差额部分由企业补足。

《关于调整本市生育保险政策有关问题的通知》（京人社医发〔2012〕176号）

三、参加本市生育保险的职工，因生育或计划生育享受产假的，产假期间可享受生育津贴。生育津贴按照职工所在用人单位月缴费平均工资除以30天再乘以产假天数计发。

生育津贴即为产假工资，生育津贴高于本人产假工资标准的，用人单位不得克扣；生育津贴低于本人产假工资标准的，差额部分由用人单位补足。

（第三款略）

CASE 031

《北京市人口与计划生育条例》

第十六条 鼓励公民晚婚、晚育。

女年满二十三周岁、男年满二十五周岁初婚的为晚婚。已婚妇女年满二十四周岁初育的为晚育。

第二十条（第一款） 机关、社会团体、企业事业组织的职工晚婚的，除享受国家规定的婚假外，增加奖励假7天。晚育的女职工，除享受国家规定的产假外，增加奖励假30天，奖励假也可以由男方享受，休假期间不得降低其基本工资或者解除劳动合同；不休奖励假的，按照女方一个月基本工资的标准给予奖励。

《广东省人口与计划生育条例》

第十八条 鼓励公民晚婚、晚育，提倡一对夫妻生育一个子女。

比法定婚龄迟三周年以上初婚的为晚婚，已婚妇女二十三周岁后怀孕生育第一个子女的为晚育。

第三十五条 职工实行晚婚的，增加婚假十日；实行晚育的，增加产假十五日。城镇其他人员实行晚婚、晚育的，可由当地人民政府给予表扬和奖励。

《北京市企业职工生育保险规定》

第十一条 职工享受生育保险待遇，应当符合国家和本市计划生育的有关规定。

第十五条 生育津贴按照女职工本人生育当月的缴费基数除以30再乘以产假天数计算。

生育津贴为女职工产假期间的工资，生育津贴低于本人工资标准的，差额部分由企业补足。

《上海市城镇生育保险办法》

第十五条 从业妇女的月生育生活津贴标准，为本人生产或者流产当月城镇养老保险费缴费基数；从业妇女生产或者流产前12个月内因变动工作单位缴费基数发生变化的，月生育生活津贴按其生产或者流产前12个月的实际缴费基数的平均数计发。

从业妇女缴纳城镇养老保险费不满一年的，或者虽满一年但缴费基数低于市人力资源社会保障局规定的最低标准的，其月生育生活津贴，按最低标准计发。

失业妇女的月生育生活津贴，按市人力资源社会保障局规定的最低标准计发。

生产或者流产的从业妇女已经享受的生育生活津贴不足其应享受的工资性收入的，不足部分的发放，按照国家和本市有关规定执行。

第十七条（第一款） 符合本办法第十三条规定的妇女生育后，可以到指定的经办机构申请领取生育生活津贴、生育医疗费补贴。

关于发布《〈上海市城镇生育保险办法〉实施细则》的通知

第七条 符合享受生育保险待遇条件的生育妇女，可自生产或流产后90天内向单位或个人缴费的社会保险经办机构办理享受生育保险待遇申请手续。其中失业妇女应到户籍所在地的社会保险经办机构办理享受生育保险待遇申请手续。

第十二条 符合《办法》第十五条第三款规定的从业妇女，其生产或者流产当月领取的生育生活津贴，因本人上一年度月平均工资收入高于全市职工月平均工资300%、超过部分不计入缴费基数而不足其缴费年度工资收入的，不足部分应当由单位发放。

《广东省职工生育保险规定》

第十七条 职工按照规定享受产假或者计划生育手术休假期间，其生育津贴由用人单位按照职工原工资标准逐月垫付，再由社会保险经办机构按照规定拨付给用人单位。有条件的统筹地区可以由社会保险经办机构委托金融机构将生育津贴直接发放给职工。

职工已享受生育津贴的，视同用人单位已经支付相应数额的工资。生育津贴高于职工原工资标准的，用人单位应当将生育津贴余额支付给职工；生育津贴低于职工原工资标准的，差额部分由用人单位补足。

职工依法享受的生育津贴，按规定免征个人所得税。

本条所称职工原工资标准，是指职工依法享受产假或者计划生育手术休假前12个月的月平均工资。职工依法享受假期前参加工作未满12个月的，按其实际参加工作的月份数计算。

《女职工劳动保护特别规定》

第七条 女职工生育享受98天产假，其中产前可以休假15天；难产的，增加产假15天；生育多胞胎的，每多生育1个婴儿，增加产假15天。

女职工怀孕未满4个月流产的，享受15天产假；怀孕满4个月流产的，享受42天产假。

CASE 032

《北京市工资支付规定》

第二十一条 劳动者患病或者非因工负伤的，在病休期间，用人单位应当根据劳动合同或集体合同的约定支付病假工资。用人单位支付病假工资不得低于本市最低工资标准的80%。

CASE 033

《北京市企业职工生育保险规定》

第十二条 生育保险基金支付范围包括：

（一）生育津贴；

（二）生育医疗费用；

（三）计划生育手术医疗费用；

（四）国家和本市规定的其他费用。

第十五条　（具体内容参见 CASE 031）

第十六条　生育医疗费用包括女职工因怀孕、生育发生的医疗检查费、接生费、手术费、住院费和药品费。

计划生育手术医疗费用包括职工因计划生育实施放置（取出）宫内节育器、流产术、引产术、绝育及复通手术所发生的医疗费用。

生育、计划生育手术医疗费用符合本市基本医疗保险药品目录、诊疗项目和医疗服务设施项目规定的，由生育保险基金支付。

第十八条　职工生育、实施计划生育手术应当按照本市基本医疗保险就医的规定到具有助产、计划生育手术资质的基本医疗保险定点医疗机构（以下简称定点医疗机构）就医。

职工就医应当出示《北京市医疗保险手册》；需住院治疗的，在办理住院手续时应当同时出示《北京市生育服务证》，并由定点医疗机构留存复印件。

第十九条　下列生育、计划生育手术医疗费用生育保险基金不予支付：

（一）不符合国家或者本市计划生育规定的；

（二）不符合本市基本医疗保险就医规定的；

（三）不符合本市基本医疗保险药品目录、诊疗项目和医疗服务设施项目规定的；

（四）在国外或者香港、澳门特别行政区以及台湾地区发生的医疗费用；

（五）因医疗事故发生的医疗费用；

（六）治疗生育合并症的费用；

（七）按照国家或者本市规定应当由个人负担的费用。

第二十条　申领生育津贴以及报销产前检查、计划生育手术门诊医疗费用，由企业负责到其参加生育保险的社会保险经办机构办理手续。

办理手续时，企业应当提交职工的《北京市医疗保险手册》、《北京市生育服务证》以及定点医疗机构出具的婴儿出生、死亡或者流产证明、计划生育手术证明和收费凭证等。

CASE 034

《女职工劳动保护特别规定》

第七条　（具体内容参见 CASE 031）。

《关于调整本市职工生育保险相关政策的通知》（京人社医发〔2012〕176 号）

一、为贯彻落实《女职工劳动保护特别规定》（国务院第 619 号令），对生育保险规定的产假天数进行调整。女职工正常生育的产假为 98 天。女职工妊娠不满 16 周（含）流产的，享受 15 天产假；妊娠 16 周以上流产的，享受产假 42 天。

产假天数自 2012 年 4 月 28 日（含）起按上述规定执行。

CASE 035

《北京市企业职工生育保险规定》

第十五条　（具体内容参见 CASE 031）。

《民法典》

第九百八十五条　得利人没有法律根据取得不当利益的，受损失的人可以请求得利人返还取得的利益……

CASE 036

《社会保险法》

第五十三条　职工应当参加生育保险，由用人单位按照国家规定缴纳生育保险费，职工不缴纳生育保险费。

第五十四条　用人单位已经缴纳生育保险费的，其职工享受生育保险待遇；职工未就业配偶按照国家规定享受生育医疗费用待遇。所需资金从生育保险基金中支付。

生育保险待遇包括生育医疗费用和生育津贴。

第五十五条　生育医疗费用包括下列各项：

（一）生育的医疗费用；

（二）计划生育的医疗费用；

（三）法律、法规规定的其他项目费用。

第五十六条　职工有下列情形之一的，可以按照国家规定享受生育津贴：

（一）女职工生育享受产假；

（二）享受计划生育手术休假；

（三）法律、法规规定的其他情形。

生育津贴按照职工所在用人单位上年度职工月平均工资计发。

CASE 037

北京市海淀区相关规定：

一、生育保险津贴申领受理范围

已参加生育保险的女职工发生生育或引（流）产后，或已参加生育保险的男职工配偶发生生育且符合晚育条件的，可由单位办理此事项。

二、生育津贴申领需提交的材料

1.《北京市申领生育津贴人员信息登记表》一式二份；

2.《结婚证》原件及复印件；

3.《北京市生育服务证》原件及复印件；非京籍人员提供《北京市外地来京人员生育服务联系单》（生育保险专用）原件及复印件；

4.《婴儿出生证明》原件及复印件；

5. 医疗机构出具的《医学诊断证明书》原件及复印件；

6. 配偶一方为军籍人员的，需提供身份证复印件或军官证复印件；

配偶一方为外籍或港澳台人员的，需提供相关身份证明原件及复印件；

7. 非本市户籍人员在 2012 年 1 月 1 日（不含）前分娩的，需提供《北京市工作居住证》原件及复印件。

三、引（流）产津贴申领提交材料

1.《北京市申领生育津贴人员信息登记表》一式二份（可通过网站下载）；

2.《结婚证》原件及复印件；

3. 医疗机构机构出具的《医学诊断证明书》原件及复印件；

4. 配偶一方为军籍人员的，需提供身份证复印件或军官证复印件；

配偶一方为外籍或港澳台人员的，需提供相关身份证明原件及复印件；

5. 非本市户籍人员在 2012 年 1 月 1 日（不含）前引、流产的，需提供《北京市工作居住证》原件及复印件。

四、外文材料处理

以上材料均应为中文材料，非中文材料需提供翻译公司出具的翻译文件。对于具有翻译资质的翻译公司出具翻译文件，应提供翻译公司的营业执照副本复印件；对于不能提供翻译公司营业执照副本复印件的，应提供翻译文件与原件一致的公证书。

CASE 038

《北京市人口与计划生育条例》

第二十一条　一对夫妻生育（包括依法收养）一个子女后不再生育，其子女在十八周岁以内的，由夫妻双方申请，经所在单位核实（没有单位的和农村居民，经户籍所在地居民委员会或者村民委员会核实），由女方户籍所在地乡镇人民政府或者街道办事处发给《独生子女父母光荣证》，凭证享受以下奖励和优待：

（一）每月发给 10 元独生子女父母奖励费，奖励费自领取《独生子女父母光荣证》之月起发至其独生子女满十八周岁止；

《关于落实〈北京市人口与计划生育条例〉规定的有关奖励等问题的通知》（京计生委字［2003］112 号）

一、关于独生子女父母奖励费

…… ……

（二）具体发放办法：

独生子女父母奖励费夫妻双方各发给 50％。原则上应当按月发放，经发放单位同意，也可以每年领取一次。当年没有领取的，不予补发。具体发放渠道：

1. 有工作单位的人员，由所在单位发给。

2. 在人才交流中心、职业介绍中心存档的人员，单位委托存档者，由委托存档单位发给；个人委托存档者，由街道办事处发给。

3. 档案关系在街道办事处的无业人员，由街道办事处发给。

4. 农村居民，由乡镇人民政府发给。

《上海市计划生育奖励与补助若干规定》

第七条　持有《光荣证》的本市户籍公民，在其子女年满16周岁以前，领取每月30元的独生子女父母奖励费。

独生子女父母奖励费按下列办法支付：

（一）有用人单位的，由用人单位支付；

（二）无用人单位的，由其户籍所在地的镇（乡）政府、街道办事处支付。

《广东省人口与计划生育条例》

第三十七条　本省户籍独生子女父母，由当地人民政府发给独生子女父母光荣证，享受以下优待奖励补助：

（一）属于职工和城镇居民的，从发证之日起至子女十四周岁止，每月发给独生子女保健费十元，并可给予适当奖励。独生子女保健费和奖励金由夫妻双方所在单位各负担百分之五十。职工以外的其他人员由当地人民政府统筹解决。对于城镇居民中的独生子女父母，男性满60周岁，女性满55周岁时，按一定标准发放计划生育奖励金；

······

CASE 039

《北京市人口与计划生育条例》

第二十一条　（具体内容参见 CASE 038）。

CASE 040

《女职工劳动保护特别规定》

第六条　女职工在孕期不能适应原劳动的，用人单位应当根据医疗机构的证明，予以减轻劳动量或者安排其他能够适应的劳动。

对怀孕 7 个月以上的女职工，用人单位不得延长劳动时间或者安排夜班劳动，并应当在劳动时间内安排一定的休息时间。

怀孕女职工在劳动时间内进行产前检查，所需时间计入劳动时间。

轻松一刻

李　雷：老婆，猜猜今天是什么日子？

韩梅梅：是你该收拾屋子的日子，还是要给我买包的日子？

李　雷：今天我试用期最后一天！顺利通过！

韩梅梅：哼，你要是不顺利就太没天理了。算算你这两个月吧，周末都没休息过呢。再这么下去，你饭碗是保住了，我也快把你休了。

李　雷：多谢老婆的支持，军功章有你的一半。不过同期进来的其他人就没这么好运了，比如市场部小王，就没通过。

韩梅梅：恭喜小王脱离苦海。

李　雷：还有Linda也走了。

韩梅梅：Linda？哦，我想起来了，就是你上回说的那个衣着特暴露的前台吧？

李　雷：嗯，据说被Lisa教训了两句，哭了一鼻子，发了封电子邮件就把工作一辞，拎起包就走了。哎……

韩梅梅：还是因为穿得太露被说的？哎，士可露不可辱啊。不过没准过两天你还能看到她。

李　雷：真的吗！？为什么啊！？

韩梅梅：她发的电子邮件，可以反悔啊，再者说现在不好找工作，没准就回来继续上班了呢。

李　雷：电子邮件就可以不认？上面发件人可显示的是她本人啊。

韩梅梅：电子邮件随便找个IT部的人就能修改，用我们公司法务部老李的话讲,就是在技术手段上极易被修改,不具备稳定性。

李　雷：也是啊,只要是电子形式的都这样,你看网上那一个个姑娘把自拍照 p 得。

韩梅梅：你刚才还说电邮上面发件人显示的是她本人是吧?现在企业邮箱也基本都是用员工的英文名,和身份证上姓名肯定不一致吧,到时候她否认她叫 Linda 怎么办?

李　雷：让你这么一说电子邮件这么不牢靠啊。嘿嘿嘿嘿嘿……

韩梅梅：你傻乐什么呢。刚才我说 Linda 没准回来,你眼神可闪过一丝不易察觉的兴奋,说吧,老实交代,是不是特期待她回来上班啊?

李　雷：老婆,我觉得一个前台的衣着品位代表了一个企业的形象,穿得暴露太不检点、太不自重了,我要坚决和这种现象作斗争,明天我就把电子邮件的风险告诉 Lisa。

工伤员工伤不起

员工：上周二下午参加公司在"工体"组织的足球赛，由于比赛过于激烈，我不小心把脚给崴了，到现在都还没好。昨天遇到一同事，见我一瘸一拐的，跟我开玩笑说，"呦，哥们儿，工伤啦"。虽然是玩笑，但是这也提醒了我。我这算不算工伤呢？我得向公司提出来，如果是，我得赶快进行工伤申请了。

人事：参加足球赛呢是你自己报名的，你受伤的地点也不是在咱公司而是在"工体"，最主要的是你受伤是因为参加体育比赛而非你的工作任务，因此我个人认为你这种情形不算是工伤吧。不过我也可以向公司反映一下你的情况。同事之间的玩笑话，不要当真嘛。你还是好好养伤吧。

↳ ①退休返聘（劳务关系）的员工是否适用工伤

↳ ②多重劳动关系下，企业是否应为劳动者缴纳工伤保险

↳ ③职工在上下班途中被电动车撞伤，是否属于工伤

↳ ④职工在工作时间参加企业组织的体育比赛而受伤，是否属于工伤

↳ ⑤员工下班步行回家途中，由于刚下雨不久路面湿滑，不慎摔倒导致右踝骨骨折，员工能否享受工伤待遇

CASE 041　上下班途中机动车事故能否认定工伤

J：Adam！有个员工要求公司协助申请工伤。

Adam（以下简称 A）：她什么情况啊？

J：她说她自己下班时因为咱们楼后面修路，又下雨，特别滑，就摔了，骨裂。

A：自己摔的啊？没有车碰她？

J：没有啊，就说是自己滑到的。

A：滑倒就能骨裂？那也太背了！

J：可不是嘛！

A：虽然很同情她，但是这不符合工伤的认定标准啊。

J：工伤不是有上下班途中的交通事故嘛。

A：是啊，但要求是非本人主要责任的交通事故，也就是说，是要有另一方过错的交通事故，且还要有事故责任认定书。

J：她又发消息了：她说她要是不来公司上班，就不用下班，公司后面要不修路，就不会把她滑到。所以无论怎么说，她都是因为公司造成的各种后果，应该算因工负伤。

A：她这心情和理由咱们都能理解，但认不认定工伤也不是咱们说了算啊，有明确规定在那摆着呢。要是我来决定谁是工伤，我第一个认定她。

我记得原来看过一个案例，说一个员工在单位门口的台阶摔了，去申报工伤也没有被认定下来，工伤鉴定部门给的理由说是有本人疏忽大意的因素在。

J：哎，她又来了：她说能不能找个车，制造一个她是被车撞的情况，再报交警，然后……

A：天啊！这是有多想认定工伤啊！也太不靠谱了。这个要是被发现了，不仅是骗保行为要受行政处罚，而且还有可能违反治安管理规定，属于谎报警情！都是违法行为！

J：嗯，明白！话说，结合她这个事儿我又想到另外一个问题哦。

A：什么？

J：规定里面说的上下班途中是怎么判断的呢？怎么就能知道这个人是不是在上下班途中啊？

A："最高法"最近正好出了一个意见，其中就有你这个问题，我看他们的意见是：合理时间、合理路线，然后往返于工作场所和居住地、父母子女居住地或日常生活所需的活动地的，都算。还算比较宽泛啦。

> **一家之言**
>
> 职工为了从事单位的工作而每天往返于住所与单位之间，在上下班途中遭受的事故伤害与工作之间确实存在一定的联系。但是，根据《工伤保险条例》第十四条第（六）项的规定，职工在上下班途中，只有发生了非己方主要责任的交通事故伤害，才能认定为工伤。既然是非己方主要责任事故伤害，其事故中必然要求牵涉到其他负主要责任的第三方，而自己摔倒，显然没有第三方。因此，员工在下班步行回家途中，因路面湿滑摔伤的事故伤害并不符合《工伤保险条例》关于工伤认定的要求，不应当认定为工伤。

CASE 042 劳务人员因劳务工作受到损害，应如何处理

J: Adam，有人"追杀"我啊！

A: 怎么了啊？发生啥事儿了？

J: 咱们公司之前雇的那个阿姨，在咱们这干活的时候摔了一下，结果骨裂了。

A: 哦，我知道啊。咱们不是给阿姨买保险了吗？

J: 哎，别提了，咱们之前有同事可能操作上有些失误。发生这事儿之后咱们联系保险公司来着，结果发现只有这个阿姨没给上保。

A: 这么寸啊！那咱们现在是怎么处理的？

J: 还能怎么处理啊，就是她在医院那些费用咱们都承担啊。

A: 那咱们也算该承担的都承担了啊。

J: 是啊，而且她不仅自己摔了，她摔倒的时候还拉了咱们楼道里的另外一个人，是来找咱们拿一个材料的客户，把人家也弄伤了，咱们公司还赔了那个第三人的损失。结果，现在阿姨的家属还是来公司闹了，非说有什么停工留薪期。

A: 让咱们在她养伤期间还继续发劳务费？

J: 对啊，还要求按照工伤给那些一次性补助费什么的。

A: 但她是劳务人员啊，根本就不适用《工伤保险条例》之类的规定啊！

J: 是啊，这个我也知道啊，但现在她女儿、女婿和老伴儿都来了，非要讨说法！保安拦着了，没让上楼。我这好不容易跑上来和你商量一下。

A: 咱们还是下去跟他们耐心解释一下吧！

······ ······

王：有没有喘气儿的?！人在你们这摔了，你们就这态度?！有没有管事儿的?！

A：王小姐，您有话慢慢说。

王：怎么慢慢说啊?！我妈在医院躺着呢！你们也没个人去看看！也不慰问一下！

A：王小姐，您先别这么激动。

王：我怎么激动啊？我打你了还是骂你了?！

A：王小姐，您来肯定是希望表达您自己的诉求，您这样的说话方式，那我们真的没办法感受到您希望我们做些什么。如果您一直以这样一种方式沟通的话，那我们也只能回去了，因为我们确实不知道我们能做些什么。

王：我这不是在楼下等了半天，看你们没人来，我着急嘛！

A：您的心情我们能够理解，那您看您需要我们再做些什么呢？

王：我就想问问我妈这情况还有没有额外的补偿？我咨询过律师，像这种工伤还应该有一次性的救济费！

A：王小姐，这点可能需要跟您再解释一下。因为您母亲已经退休了，依法享受着国家的养老保险待遇，所以我们和她建立的是劳务关系，所以她这次受伤并非劳动法律范畴内的"工伤"。

王：是吗！那你的意思就是不管了?！

A：您听我说完。您母亲确实是在为我们提供服务的过程中发生损害的，我们公司会承担相应的医疗、住院期间的伙食等费用。但您所说的一次性的补偿我们公司并没有义务支付，不过，我可以把您这个要求向领导汇报一下，然后再给您个答复。

王：那我妈住院这段，你们还给开工资吗？

A：王小姐，劳务费并非工资，是依据您母亲给公司提供服务而产生的，现在她没来上班，我们也没有义务再付这个劳务费了。

王：那她不能来上班也是在你们这造成的啊！

A：您的这个诉求我会一并反馈上报，但需要说明的是，我们确实没有支付义务。

王：你别老跟我说这义务那义务的了！我先等你消息吧！我还会再来的！

> **一家之言**
>
> 用人单位与在校生或已依法享受养老保险待遇的员工建立的聘用或雇佣关系，不属于劳动关系的处理范畴，因此不适用任何劳动法律、法规等有关规定，双方之间的民事劳务关系应受民法调整。因此，当劳务人员在工作场所履行约定劳务的期间发生人身损害，不应当参照《工伤保险条例》等劳动法律范畴内的规定，而应当参考《民法典》侵权责任编等民事侵权法律。由企业承担相应的雇主责任，企业也可以选择购买商业保险以转嫁自身风险。但是不同地区对此有不同规定，具体还需按照当地规定执行。

小 结

↳ ①退休人员已不属于劳动法中的"劳动者"范畴，其与用人单位之间因雇佣形成的关系，被认定为基于民事雇佣而产生的劳务关系，而非劳动关系，不受劳动法的调整。从这个意义上看，该类人员发生事故，不适用工伤。但为保护劳务关系当事人的权益，各地工伤保险条例一般规定：劳务人员在单位工作时间因工作原因导致人身伤害的，可以要求单位比照工伤保险待遇支付有关费用。也有个别地区（如广州），适用《最高人民法院关于审理人身损害赔偿案件适用法律若干问题的解释》，规定由单位对劳务人员在单位工作时间因工作原因发生的人身伤害承担赔偿责任。

↳ ②按照《关于实施工伤保险条例若干问题的意见》第1条的规定，"职工在两个或两个以上的用人单位同时就业的，各用人单位应当为职工缴纳工伤保险费。职工发生工伤，由职工受到伤害时其工作的单位依法承担工伤保险责任"。因此，对于建立双重劳动关系的劳动者，用人单位也应给劳动者缴纳社会保险。

↳ ③2004年《工伤保险条例》规定"上下班途中，受到机动车事故伤害的"应当认定为工伤，因此在原规定下非机动车撞伤不应算作工伤。但2010年《国务院关于修改〈工伤保险条例〉的决定》出台后，取消了机动车限制，增加了非机动车交通事故，以及城市轨道交通、客运轮渡、火车事故伤害。因此根据该决定，在上下班途中被自行车、电动车、人力三轮车等非机动车撞伤时，如非本人主要责任，也可认定为工伤。

↳ ④根据《北京市劳动和社会保障局关于工伤保险工作若干问题的处理意见》第一条第（四）项的规定，"职工参加本单位（本单位部门之间组织的除外）利用工作时间组织的运动会及体育比赛或者代表本单位参加上级单位举办的运动会及体育比赛中受伤，应依据《条例》第十四条第一款第（一）项关于'因工作原因受到事故伤害'的规定，认定为工伤"。因此，即使不是在工作地点发生的从事与工作内容相关的任务受了伤，只要是单位利用工作时间组织的，也应当视为工伤。当然，其他地区的认定可能会不太一样，还需要按照当地的工伤规定执行。

↳ ⑤在上下班途中，只有受到非本人主要责任的交通事故或城市轨道交通、客运轮渡、火车事故伤害的，才属于工伤。雨天自己摔倒不属于上述范围，因此不能认定工伤。

温馨提示

在双重劳动关系情况下，虽然相关规定要求各用人单位为员工缴纳工伤保险，但是操作实践中往往因为员工已经存在一份工伤保险导致新的用人单位在同一地区无法再次缴纳，存在实践操作与相关规定无法一致的情况。在此提请用人单位注意。

相关规定

CASE 041

《工伤保险条例》

第十四条 职工有下列情形之一的,应当认定为工伤:

(一)在工作时间和工作场所内,因工作原因受到事故伤害的;

(二)工作时间前后在工作场所内,从事与工作有关的预备性或者收尾性工作受到事故伤害的;

(三)在工作时间和工作场所内,因履行工作职责受到暴力等意外伤害的;

(四)患职业病的;

(五)因工外出期间,由于工作原因受到伤害或者发生事故下落不明的;

(六)在上下班途中,受到非本人主要责任的交通事故或者城市轨道交通、客运轮渡、火车事故伤害的;

(七)法律、行政法规规定应当认定为工伤的其他情形。

第六十条 用人单位、工伤职工或者其近亲属骗取工伤保险待遇,医疗机构、辅助器具配置机构骗取工伤保险基金支出的,由社会保险行政部门责令退还,处骗取金额 2 倍以上 5 倍以下的罚款;情节严重,构成犯罪的,依法追究刑事责任。

《最高人民法院关于审理工伤保险行政案件若干问题的规定》

第六条 对社会保险行政部门认定下列情形为"上下班途中"的,人民法院应予支持:

(一)在合理时间内往返于工作地与住所地、经常居住地、单位宿舍的合理路线的上下班途中;

（二）在合理时间内往返于工作地与配偶、父母、子女居住地的合理路线的上下班途中；

（三）从事属于日常工作生活所需要的活动，且在合理时间和合理路线的上下班途中；

（四）在合理时间内其他合理路线的上下班途中。

CASE 042

《民法典》

第一千一百九十一条　用人单位的工作人员因执行工作任务造成他人损害的，由用人单位承担侵权责任……

劳务派遣期间，被派遣的工作人员因执行工作任务造成他人损害的，由接受劳务派遣的用工单位承担侵权责任；劳务派遣单位有过错的，承担相应的补充责任。

第一千一百九十二条　个人之间形成劳务关系，提供劳务一方因劳务造成他人损害的，由接受劳务一方承担侵权责任……提供劳务一方因劳务受到损害的，根据双方各自的过错承担相应的责任。

轻松一刻

李　雷：老婆老婆，今天的事太有意思了！

韩梅梅：哦？Linda这么快就回来了？

李　雷：你怎么知道？真料事如神啊。

韩梅梅：我是谁呀！说说具体情况。

李　雷：一大早，她妈妈就领着她来找Lisa，说什么孩子不懂事，太意气用事，希望给个机会什么的，然后Linda就坐位子上死活不走。

韩梅梅：这么一闹，估计Lisa更不想用她了吧。因为工作上的事把家长搅和进来，可是很犯忌的，太不职业了。

李　雷：可不是嘛。我前脚把你的判断告诉了Lisa，后脚Linda就来了。所以Lisa还说我有先见之明，问我下一步有什么办法没有。

韩梅梅：没有！你少参与这些事，这些是该你们公司HR和法务操心的。

李　雷：哎，Lisa说她自己没及时意识到电子邮件的问题，没及时纠正，才有今天的事。所以就不想声张出去，也不想让HR和法务他们处理，怕到时候还怪罪到自己头上。还说，我背后肯定有高人指点，一定能有对策。

韩梅梅：就知道我听不得恭维的话。不过可有言在先。第一，这不是你本职工作，你是靠本事吃饭的；第二，劝劝Lisa，看她能不能回心转意，给Linda一个机会，不过话说回来

    Linda 确实太不职业，放在谁身上也受不了；第三，如果 Lisa 铁了心不想留用，就告诉她在电子邮件的辞职信已经被 Linda 否认的情况下，最好的办法就是协商解除劳动合同，这样，Linda 有钱拿的话，估计也就不再闹了，这事儿才好收场。

李　雷：协商解除？这可是新名词，我拿本记一下。我明天就照老婆的吩咐如此这般告诉 Lisa。

韩梅梅：真要是能协商解除，也算是两全其美的办法了，你也算做了件好事。回头让你们公司给我发咨询费啊，我们公司自己的事都不够我操心的呢。

领完年奖过大年

员工：上个月被公司以严重违纪为由解除了，所以我今天去劳动仲裁委员会去申请仲裁了。在写申请事项的时候想起来这都已经7月份了，按理说今年的年终奖金应该也发给我一半吧，因为我都在公司贡献了半年多了。可是年终奖确实都在年底才发，不知道现在能不能要到。哎，试一下吧。

人事：我可以很明确地告诉你，你今年的年终奖肯定是没有的，因为年终奖不是必须发放的，是要有业绩的。您不但没有业绩，而且还违纪了，公司怎么可能给你发奖励性质的年终奖。而且谈到年终奖，顾名思义，是工作满一年后年终发放的，您这7月份就被公司以严重违纪解除了，肯定是拿不到的。

↘ ①往年发过年终奖，今年没发，是否有权要求发
↘ ②年终奖金发放多少和发放与否企业是否有自主决定的权利
↘ ③在计算离职前12月平均工资时，是否将年终奖计算其中
↘ ④员工2014年7月离职，还能否主张2012年的年终奖金

CASE 043　企业是否有权决定发不发年终奖

小　张：为啥没有我的年终奖？

HR：咱公司没有承诺一定有年终奖的。

小　张：那往年都发啊，咋今年就不发了？

HR：不是都说了么？公司不承诺有年终奖的。你看你的劳动合同还有薪资通知书里，都没说一定有年终奖吧。

小　张：那可是小李就发了啊。

HR：她和你又不是一个部门。

小　张：那我们部门为什么没有？

HR：你们部门今年不参与年终奖分配。

小　张：这不公平吧？我们部门就不是这个公司的了？我们这一年就都白干了？

HR：这怎么是白干呢？公司又不是不发你们工资，咱也不是指着年终奖活着吧。

小　张：那不行，我得为我们部门的人争取权益。

HR：那你觉得你们应该拿多少？

小　张：当然是跟他们拿的一样啊？

HR：他们每个人的标准也是不一样的。

小　张：那起码得跟去年一样吧？

HR：今年的奖金怎么能用去年的标准呢？

小　张：那我们是不是干了和去年一样的活儿啊？不能同工不同酬啊。

一家之言

年终奖是企业为鼓励员工创造更多价值而可以采取的一种刺激形式,是否采取这样的形式以及如何采取是企业经营自主权的一部分。如果企业决定采取,那么奖金的设置、条件、标准、计发周期,可以约定于劳动合同,亦可规定于员工手册,由当事人签字确认。双发形成约定后,一旦约定之条件达成,承担给付义务的一方便应当向享受权利的一方支付相应金额,如果未履行,应当有合法依据。而未有约定的,依据《劳动争议调解仲裁法》第六条,劳动者主张应当支付的,应当提供相关证明;用人单位主张不应当支付的,亦应当提供相应证明。

小　结

> ①年终奖金是劳动报酬，是工资总额的一部分，但是，又与劳动者的基本工资，在性质上有一定的差异。基本工资属于正常出勤就能按月获得的劳动报酬，而年终奖金通常在劳动合同中会提及，但不一定会约定具体数额，因此具有奖励和不确定性。关于年终奖金发放与否及数额企业有自主决定权，但是相关劳动法律的规定以及2008年生效、实施的《劳动合同法》，明确了与职工切身利益有关的规章制度必须通过平等协商、民主讨论，并向全体职工公示。所以，企业应当与职工协商制订年终奖金的发放条件和标准。

> ②如果员工与企业已经约定或在规章制度中已明确规定了年中入职和年中离职不符合发放年终奖的条件，且该条件并未违反相关规定，那么企业可以根据约定不发放这两类员工的年终奖。

> ③在计算劳动者解除劳动合同前12个月平均工资时，工资应当包括计时工资或者计件工资以及奖金、津贴和补贴等货币性收入。

> ④《劳动争议调解仲裁法》第二十七第四款规定了特殊时效："劳动关系存续期间因拖欠劳动报酬发生争议的，劳动者申请仲裁不受本条第一款规定的仲裁时效期间的限制；但是，劳动关系终止的，应当自劳动关系终止之日起一年内提出"。而年终奖金作为劳动报酬，适用的时效应当是特殊时效，也就是劳动关系结束后1年内员工都可以提出。

温馨提示

年终奖金确实带有奖励性质,它的发放与否以及发放多少,企业都是有自主决定权的,但如果因为企业的过错导致员工离职,进而无法拿到当年年终奖金的,也是不尽合理的。

相关规定

CASE 043

《劳动合同法》

第十七条　劳动合同应当具备以下条款：

（一）用人单位的名称、住所和法定代表人或者主要负责人；

（二）劳动者的姓名、住址和居民身份证或者其他有效身份证件号码；

（三）劳动合同期限；

（四）工作内容和工作地点；

（五）工作时间和休息休假；

（六）劳动报酬；

（七）社会保险；

（八）劳动保护、劳动条件和职业危害防护；

（九）法律、法规规定应当纳入劳动合同的其他事项。

劳动合同除前款规定的必备条款外，用人单位与劳动者可以约定试用期、培训、保守秘密、补充保险和福利待遇等其他事项。

第十八条　劳动合同对劳动报酬和劳动条件等标准约定不明确，引发争议的，用人单位与劳动者可以重新协商；协商不成的，适用集体合同规定；没有集体合同或者集体合同未规定劳动报酬的，实行同工同酬；没有集体合同或者集体合同未规定劳动条件等标准的，适用国家有关规定。

《劳动法》

第四十六条　工资分配应当遵循按劳分配原则，实行同工同酬。工资水平在经济发展的基础上逐步提高。国家对工资总量实行宏观调控。

  第四十七条　用人单位根据本单位的生产经营特点和经济效益，依法自主确定本单位的工资分配方式和工资水平。

😊 轻松一刻

李　雷：我按你吩咐的说了，Lisa 说肯定没法再留用了，但不想按协商解除的方式处理，就想看有没有不花钱就能解决的法子。

韩梅梅：不花钱？解除劳动合同是要依法操作的，不能一上来就以花不花钱作为出发点，首先要考虑的是通过哪种途径解决才能合乎相关规定，否则违法带来的损失更大。现在的情况是 Linda 否认辞职，所以员工这边单方解除劳动合同并不成立；Linda 穿着是暴露点，但既谈不上不符合录用条件，也谈不上严重违纪，到不了你们公司可以进行单方解除的严重程度，所以企业这边单方解除劳动合同也不成立。因此就剩协商解除还算是一个合法的操作方式了。

李　雷：明白了！我打个比方啊，老公家务活干砸了被老婆批评，老公一气之下嘴上说要离婚，老婆觉得离就离无所谓，但后来老公又不想离求原谅，老婆铁了心必须离，但老公没有小三啊出轨啊什么的辫子可抓，还能怎么办？只能看能不能以分点家当为条件，争取让老公同意协议离婚呗。

韩梅梅：我怎么觉得你这个比方比我原话还绕……反正你听明白我意思就行，眼下就这么一条路可走，Linda 不愿意走的话就没办法了。

三

离职可别摊上事儿
LIZHI KEBIE TANSHANG SHIR

后会无期难再续

员工：昨天是我和公司劳动合同到期日,但是公司没有给我发任何终止通知书之类的材料,我当时很高兴以为公司还要接着用我,然后我今天就正常去上班了,谁知道今天一到单位,公司就通知我劳动合同期限已经到了,我不用再到公司上班了,并且要求我签收终止通知书,公司做的是不是有问题?

人事：你也知道在你劳动合同到期之前,公司内部就是否还接着用你有两种不同的意见,所以我们人力资源部暂时没有向你发任何终止通知书。直到昨天下班后,公司才最终决定还是与你终止劳动合同,所以我们今天向你发出了通知。但是作出决定以及通知的日期都是昨天。

↳ ①劳动合同到期时,企业是否应当提前通知员工终止劳动合同

↳ ②终止劳动合同经济补偿金的补偿年限是从2008年1月1日起算吗

↳ ③劳动者在达到法定退休年龄但未享受养老保险待遇期间,

劳动合同是否终止
- ④终止经济补偿金是否可以免征个人所得税
- ⑤员工劳动合同到期后,是否可向员工发出终止通知
- ⑥劳动者在若干次续订中均未提出订立无固定期限劳动合同,用人单位是否可以终止最后一次固定期限劳动合同
- ⑦员工第一个固定劳动合同到期,单位要求与员工续签劳动合同,员工不同意续签的应如何处理
- ⑧公司可否降低原待遇和员工续订劳动合同

CASE 044　终止通知能晚发吗

HR：　小朱啊，你的劳动合同上个月月底到期了，公司决定呢，不再跟你续订了。

小　朱：为什么不跟我续了？

HR：　你也知道现在公司的状况不是特别好，需要缩减编制。

小　朱：那为什么就缩我啊？我不算业绩差的吧？

HR：　呃，和你同一批进来的同事，都是这个时候到期，公司也都是这么安排的。

小　朱：那也太不负责任了吧，只要合同到期就让走，也不管员工对公司有没有贡献？

HR：　……

小　朱：我知道，你们就是想省点事、省点钱。

HR：　省钱？

小　朱：不是么？到期可以不给钱，要是不到期就让我们走，就得给钱呗？而且到期的话不用找别的理由，不管我们绩效好不好都能让我们走呗。要是不到期，你们不就得千方百计找我们的毛病，然后才能开么？

HR：　呃，公司真没有这方面的意思，而且到期终止也是要支付经济补偿的呀，公司会按照相关规定支付给你的。

小　朱：那哪能一样？我2006年就来了，到期终止的话，公司只需要从2008年开始计算我的补偿年限。

HR：　哦，你担心的是这个啊。这个问题在咱们公司不存在，咱们都是按照实际工作年限支付的，比法定的标准要高。

小　朱：哦。不过不对啊，我的合同是上个月月底到期的，当时没跟我说不续啊。
HR：呃，当时公司还在制定政策，这不是现在刚确定么。
小　朱：那这都过期一个多月了，这会儿说不续了是不是不合适啊？
HR：公司当时不是给大家都发邮件了么，续不续这个事都暂缓决定。
小　朱：这事还能暂缓？到期就是到期，过期就是过期，这个我认为不可以后补。我现在应该跟公司已经进入了新的合同期，离新合同到期还早着呢。
HR：呃，那你手里不也没有新签的合同么？
小　朱：那这不能是我的问题吧，我还没跟公司要求应签未签劳动合同的赔偿呢。

一家之言　　依据《劳动合同法》，用人单位有权向劳动者提出终止劳动合同，但应当在劳动合同到期前通知劳动者，而用人单位在劳动合同期限届满后通知终止的，已无法终止。此时双方已形成事实劳动关系，因而不能终止。

CASE 045　该不该签无固定期劳动合同

李：Jack！你给老子出来！

J：老李啊，你怎么回来了，什么事情至于生这么大气啊？经济补偿金已经打给你了啊！

李：谁管你打没打！谁稀罕那点经济补偿金！老子今天要过来讨个说法。

J：您那个补偿金可比法定标准高多了啊，我们还给你算了2008年之前的工作年限啊，按照相关规定都不应该算的，你竟然还说就那点，要不……

李：你少来这套！别转移话题！

J：我没转移话题啊，确实很多啊！

李：我不同意！我不要钱！公司应该跟我订立无固定期限合同！

J：可是您已经在终止通知上签字了啊，代表你认可这个终止行为啊。

李：你少来，我咨询过了，我签字只代表这个通知在哪天给了我，不代表我认可上面的内容。

J：您看这签字下方不是有行小字显示您在此处签字代表您知悉并认可上述内容嘛。

李：当时通知太突然了，我没想起来问！

J：对啊，那您不提出主张说要订立无固定期限劳动合同，又签了终止通知，那我怎么知道您要建立无固定期限劳动关系啊？

李：公司都跟我连续签了4本合同了，早该签成无固定了，还用我说么?！你们就是知法犯法，还欺负我不懂法！

J：老李，您别太激动，说话可要负责任！

李：我怎么不负责任了?！你们蒙着我签了这么多次合同。

J: 老李，首先我们并没有做任何您所谓的知法犯法的事情。按照相关规定，应当由您提出订立无固定期限合同，但是这么多年您也没提过。其次，所谓欺负您不懂法和蒙着您签了很多次合同的表述也不正确，我们的合同白纸黑字都是中国汉字，没有一个字您看不懂，您的签字也都是您自己亲笔签名，如假包换的吧！签名处的下方还有明确的标示，此处签名意味着您同意……我们怎么就蒙您了？是只给了您最后一页还是把您眼睛蒙上啦？！您大小也是个经理，平时您签字，都不看就随便签？！最后，您不懂法，咱们国家的法律条文也都白纸黑字的摆着呢，任何人都能查阅、参考，何来懂与不懂？！

李：你！你！你欺人太甚！Adam 呢？我找 Adam！

J: Adam 今天休假，您找他也一样，您找谁都是和我一样的答复。而且按照您的说法，公司早就该和您签无固定期限合同，那就是说您早就可以提出签无固定期限合同，那您怎么早不提啊，您签了终止通知，拿了钱，又反过来要签无固定期限合同，这算怎么回事儿啊？

李：钱是你非要打的，又不是我要的。

J: 那终止通知上说了要给您打钱，您也没说不要啊？

李：你！我要去告你们！

一家之言

首先，判断用人单位是否具有应当签订无固定期限劳动合同而未签订的行为，前提在于弄清用人单位在什么情况下应当签、在什么情况下可以不签。事实上，《劳动合同法》第十四条规定的就是应当签的情形，而《劳动合同法实施条例》第十一条则可以理解为，在法律之外设定了可以不签的例外条件，根据该第十一条，"除劳动者与用人单位协商一致的情形外，劳动者依照劳动合同法第十四条第二款的规定，提出订立无固定期限劳动合同的，用人单位应当与其订立无固定期限劳动合同"。劳动者和用人单位的意思自治可以排除无固定期限劳动合同的适用，这体现了充分尊重当事人双方合意的民事法律原则，那么在满足可以订立无固定期限劳动合同的法定条件后，仍然签订固定期限劳动合同应当被视为双方协商一致所作出的选择，且只要劳动者本人并非无民事行为能力人或限制民事行为能力人，这种选择就有理由被认定为是符合自身真实意思表示的，因此是有效的法律行为。同时，这种选择也并不存在可撤销的条件，因国家法律、法规的颁布状态，任何一个公民均有获知的可能性，劳动者的若干次签字行为不应当被视为对行为内容有重大误解。

其次，只要建立在劳动合同有效性的基础上，劳动合同的期限就是有效的，用人单位的终止行为只需满足《劳动合同法》第四十四条关于终止的要求，同时劳动者不存在《劳动合同法》第四十二条应当依法顺延至法定情形消失时才能终止合同的情形，即可终止。尽管终止通知的送达应当被视为用人单位的单方法律行为，一经作出即发生法律效力，但此时劳动者对终止通知书的签收同时也可能被视为双方就终止达成合意，亦即对自身签署无固定期限劳动合同权利的放弃。否则，员工可以拒绝签收终止通知，并要求签订无固定期限劳动合同。当然，为避免不必要的争议，建议企业在终止通知的签字处写明签字代表知悉并确认等内容。

CASE 046 企业维持原待遇续签劳动合同，员工不同意怎么办

J：Hi，Adam！我这遇到一个棘手的问题需要跟你探讨！

A：什么问题呢？

J：Sales 有个员工，部门决定和他续签劳动合同了，我们前一阵子通知他续签，但他说要再考虑考虑是否续签。

A：后来呢？

J：他考虑了几天之后要求提高待遇才同意续签，但是部门不同意。

A：所以一直拖到现在了？现在还有几天到期？

J：是啊，还有 3 天就到期了，所以我很着急啊，你经验比较丰富，想请教你该怎么办。

A：有三个方式：第一，让他写一封辞职信，反正实际是他不同意续签的，和辞职也没什么区别。第二，让他写一个确认是因为他的原因不想和我们公司续签劳动合同了，然后我们再给他出一个通知。第三，我们通知他，通知的内容写明因为他的个人原因，不愿意和我们续签劳动合同，因此我们通知他是为了确认双方之间的合同因此终止。

J：那他要是不签怎么办呢？

A：那就只能向他发 EMS 了。

J：那是不是就没法证明是因为他的原因不想和我们续签了？

A：有这个风险。

J：那我们原本不需要支付终止的经济补偿金就有可能因此而需要支付了？

A：是的，所以真的遇到这种人品有些问题的员工，单位确实显得

有点吃亏。

J：那看来我们还得抓紧时间和他当面沟通一下，万一他当面拒绝签字，我们还有时间可以发 EMS。

A：对啊！一定要快！如果咱们是在终止之后再送达的，那将会影响这个终止的效力，很有可能意味着终止通知的无效。

> **一家之言**
>
> 劳动合同到期终止，用人单位有证据证明已向劳动者提出续订劳动合同，且在维持或提高原劳动合同约定的条件下，劳动者不同意续订的，用人单位可以不支付经济补偿金。劳动者要求提高条件续订，用人单位要求按原有条件续订的，仍应视为用人单位已经合法表达了续订的意思表示，但因劳动者原因无法实现续订，因此不应当支付经济补偿。但双方均应当就沟通过程做好证据保留工作，以防出现不必要的争议。

CASE 047　续签劳动合同时约定条件是否有变化，如何判断

HR：　你的劳动合同下个月初到期，公司决定和你续签一个合同期，来，在新合同上签个字。

小　王：不是续签么？怎么还要重签一本合同啊？

HR：　咱们这儿都是这样签的，这样比较清楚，公司方便管理。

小　王：哦……这个合同怎么比原来厚了好多啊？

HR：　嗯，这是咱们请外面的律师事务所修订的更新版。

小　王：不对呀，这上边怎么写的中关村店？我是望京店的。

HR：　哦，你的业绩比较好，中关村那边新人比较多，你的督导决定从下月调你去中关村那边传授传授经验。

小　王：啊？我家住望京，中关村太远了，我不方便过去啊。而且，没有人跟我说过调店的事。还有，这个合同有好多内容都和我原来的合同不一样了，变更劳动合同事项，不是应该跟职工协商的么？

HR：　小王，我都说了好几遍了，咱们这个合同是版本的更新，不是变更，就跟手机里的系统一样，不是都定期更新的吗？

小　王：那这个更新降低了我的劳动条件啊！

HR：　咱们就是调个店，你的工资待遇、福利什么的，都没有任何变化。

小　王：怎么没变化啊？我从家到望京店步行只需要15分钟，我去中关村店，没有直达的公交车，地铁也要换乘很多次，上班怎么也得两个小时，晚上回到家得八点多了，我回家

还得给孩子做饭呢。

HR: 哦，那这个你可以再跟你的督导商量商量，咱们今天就只是续签合同，你看你的合同马上就要到期了，抓紧签了你不是也踏实吗？

小　王：可是这怎么签啊？连上班的地方都变了，我没法签。

HR: 你是不同意去那儿上班还是不同意续签？

小　王：我要续签我原来那本合同。

> **一家之言**
>
> 　　依据《劳动合同法》，劳动条件的降低与提高，都涉及劳动合同的变更。经用人单位和劳动者双方协商一致，可以变更劳动合同，一般采用书面形式。实践中，变更劳动条件的续订往往也会被认为是一种变更，或被理解为是因用人单位没有维持或提高劳动合同约定的条件而造成的终止，即不属于《劳动合同法》规定的可以不支付经济补偿金的情形。

小 结

↳ ①《劳动合同法》第四十四条规定:"有下列情形之一的,劳动合同终止:(一)劳动合同期满的……"由此可见,劳动合同终止的通知肯定是要在终止事由发生之前作出,但至于应提前多少日通知,《劳动合同法》并没有进行具体规定。目前不同地区的法规对于提前通知的时间要求有不同的规定,如《北京市劳动合同规定》第四十条规定:劳动合同期限届满前,用人单位应当提前30日将终止或者续订劳动合同意向以书面形式通知劳动者。然而上海、广州地区无提前30天通知的要求。

↳ ②《劳动合同法》第四十六条首次规定了依照本法第四十四条第一款规定终止固定期限劳动合同的,用人单位应当向劳动者支付经济补偿。而在《劳动合同法》颁布之前,没有法规规定终止劳动合同的经济补偿,因此,终止经济补偿的年限自2008年1月1日起算。

↳ ③《劳动合同法实施条例》第二十一条规定,劳动者达到法定退休年龄的,劳动合同终止。而《劳动合同法》第四十四条第(二)项规定,劳动者开始依法享受基本养老保险待遇的,劳动合同终止。这两条规定其实是存在矛盾的。《最高人民法院关于审理劳动争议案件适用法律若干问题的解释(三)》又规定:用人单位与其招用的已经依法享受养老保险待遇或领取退休金的人员发生用工争议,向人民法院提起诉讼的,人民法院应当按劳务关系处理。也就是说,虽然达到退休年龄了，但是如果还没能享受社会养老保险待遇的话，与用人单位之间仍然可能被认定是劳动关系。

④根据税收法定原则及《财政部、国家税务总局关于个人与用人单位解除劳动关系取得的一次性补偿收入征免个人所得税问题的通知》，个人因与用人单位解除劳动关系而取得的一次性补偿收入（包括用人单位发放的经济补偿金、生活补助费和其他补助费用），其收入在当地上年职工平均工资3倍数额以内的部分，免征个人所得税。从文字表述上看，并未规定终止劳动合同的经济补偿可以免税，但实践中各地对政策掌握不尽相同，终止的经济补偿是否可以免税，还应当依据各地税务部门的实际要求为准。

⑤用人单位与员工终止劳动合同的，必须在劳动合同到期前通知劳动者，若劳动合同期限届满尚未通知终止的，双方就开始受新的劳动关系调整。

⑥2008年之后企业与员工连续订立2次固定期限劳动合同，且劳动者没有《劳动合同法》第三十九条和第四十条第一项、第二项规定的情形，除非劳动者提出订立固定期限劳动合同（用人单位需要举证），否则，单位在续签时应当订立无固定期限劳动合同。

⑦劳动合同到期终止，用人单位有证据证明已向劳动者提出续订劳动合同，且在维持或提高原劳动合同约定的条件下，劳动者不同意续订的，用人单位可以不支付终止经济补偿金。

⑧劳动条件的降低属于劳动合同的变更。而劳动合同的变更，需要劳动关系双方协商一致。

> 温馨提示
>
> 开篇案例是关于劳动合同到期终止的问题,既然是到期终止,那么到期终止的通知就必须在到期之前发送到员工,否则双方之间就形成事实劳动关系,开始受新的劳动关系调整。

相关规定

CASE 044

《劳动合同法》

第四十四条 有下列情形之一的,劳动合同终止:

(一)劳动合同期满的;

(二)劳动者开始依法享受基本养老保险待遇的;

(三)劳动者死亡,或者被人民法院宣告死亡或者宣告失踪的;

(四)用人单位被依法宣告破产的;

(五)用人单位被吊销营业执照、责令关闭、撤销或者用人单位决定提前解散的;

(六)法律、行政法规规定的其他情形。

第四十六条 有下列情形之一的,用人单位应当向劳动者支付经济补偿:

(一)劳动者依照本法第三十八条规定解除劳动合同的;

(二)用人单位依照本法第三十六条规定向劳动者提出解除劳动合同并与劳动者协商一致解除劳动合同的;

(三)用人单位依照本法第四十条规定解除劳动合同的;

(四)用人单位依照本法第四十一条第一款规定解除劳动合同的;

(五)除用人单位维持或者提高劳动合同约定条件续订劳动合同,劳动者不同意续订的情形外,依照本法第四十四条第一项规定终止固定期限劳动合同的;

(六)依照本法第四十四条第四项、第五项规定终止劳动合同的;

（七）法律、行政法规规定的其他情形。

第八十二条　用人单位自用工之日起超过一个月不满一年未与劳动者订立书面劳动合同的，应当向劳动者每月支付二倍的工资。

用人单位违反本法规定不与劳动者订立无固定期限劳动合同的，自应当订立无固定期限劳动合同之日起向劳动者每月支付二倍的工资。

CASE 045

《劳动合同法》

第十四条　无固定期限劳动合同，是指用人单位与劳动者约定无确定终止时间的劳动合同。

用人单位与劳动者协商一致，可以订立无固定期限劳动合同。有下列情形之一，劳动者提出或者同意续订、订立劳动合同的，除劳动者提出订立固定期限劳动合同外，应当订立无固定期限劳动合同：

（一）劳动者在该用人单位连续工作满十年的；

（二）用人单位初次实行劳动合同制度或者国有企业改制重新订立劳动合同时，劳动者在该用人单位连续工作满十年且距法定退休年龄不足十年的；

（三）连续订立二次固定期限劳动合同，且劳动者没有本法第三十九条和第四十条第一项、第二项规定的情形，续订劳动合同的。

用人单位自用工之日起满一年不与劳动者订立书面劳动合同的，视为用人单位与劳动者已订立无固定期限劳动合同。

第四十五条　劳动合同期满，有本法第四十二条规定情形之一的，劳动合同应当续延至相应的情形消失时终止。但是，本法第四十二条第二项规定丧失或者部分丧失劳动能力劳动者的劳动合同的终止，按照国家有关工伤保险的规定执行。

第四十六条　（具体内容参见 CASE 044）

第八十二条　（具体内容参见 CASE 044）

第八十七条　用人单位违反本法规定解除或者终止劳动合同的，应当依照本法第四十七条规定的经济补偿标准的二倍向劳动者支付赔偿金。

《劳动合同法实施条例》

第十一条　除劳动者与用人单位协商一致的情形外，劳动者依照劳动合同法第十四条第二款的规定，提出订立无固定期限劳动合同的，用人单位应当与其订立无固定期限劳动合同。对劳动合同的内容，双方应当按照合法、公平、平等自愿、协商一致、诚实信用的原则协商确定；对协商不一致的内容，依照劳动合同法第十八条的规定执行。

《民法典》

第一百四十四条　无民事行为能力人实施的民事法律行为无效。

第一百四十五条（第一款）　限制民事行为能力人实施的纯获利益的民事法律行为或者与其年龄、智力、精神健康状况相适应的民事法律行为有效；实施的其他民事法律行为经法定代理人同意或者追认后有效。

第一百四十六条（第一款）　行为人与相对人以虚假的意思表示实施的民事法律行为无效。

第一百四十七条　基于重大误解实施的民事法律行为，行为人有权请求人民法院或者仲裁机构予以撤销。

第一百四十八条　一方以欺诈手段，使对方在违背真实意思的情况下实施的民事法律行为，受欺诈方有权请求人民法院或者仲裁机构予以撤销。

第一百四十九条　第三人实施欺诈行为，使一方在违背真实意思的情况下实施的民事法律行为，对方知道或者应当知道该欺诈行为的，受欺诈方有权请求人民法院或者仲裁机构予以撤销。

第一百五十条　一方或者第三人以胁迫手段，使对方在违背真实意思的情况下实施的民事法律行为，受胁迫方有权请求人民法院或者仲裁机构予以撤销。

第一百五十一条　一方利用对方处于危困状态、缺乏判断能力等情形，致使民事法律行为成立时显失公平的，受损害方有权请求人民法院或者仲裁机构予以撤销。

第一百五十三条　违反法律、行政法规的强制性规定的民事法律行为无效。但是，该强制性规定不导致该民事法律行为无效的除外。

违背公序良俗的民事法律行为无效。

第一百五十四条　行为人与相对人恶意串通，损害他人合法权益的民事法律行为无效。

第一百五十五条　无效的或者被撤销的民事法律行为自始没有法律约束力。

CASE 046

《劳动合同法》

第四十六条　（具体内容参见 CASE 044）

CASE 047

《劳动合同法》

第十七条　劳动合同应当具备以下条款：

（一）用人单位的名称、住所和法定代表人或者主要负责人；

（二）劳动者的姓名、住址和居民身份证或者其他有效身份证件号码；

（三）劳动合同期限；

（四）工作内容和工作地点；

（五）工作时间和休息休假；

（六）劳动报酬；

（七）社会保险；

（八）劳动保护、劳动条件和职业危害防护；

（九）法律、法规规定应当纳入劳动合同的其他事项。

劳动合同除前款规定的必备条款外，用人单位与劳动者可以约定试用期、培训、保守秘密、补充保险和福利待遇等其他事项。

第三十五条（第二款） 用人单位与劳动者协商一致，可以变更劳动合同约定的内容。变更劳动合同，应当采用书面形式。

轻松一刻

李　雷：老婆，你猜怎么着，我今天把你的意思再加上我的比方和 Lisa 说了，结果 Lisa 立马就想明白了。

韩梅梅：哼，那必须的。然后呢？

李　雷：然后 Linda 觉得既然已经闹僵了耗下去肯定也不愉快，公司又同意支付点经济补偿，所以不如换个地方重新开始，就挺痛快把协商解除协议签了。

韩梅梅：好合好散的多好啊，这回你算帮了 Lisa 大忙了吧？借这机会争取让她以后少在周六日安排你上班。

李　雷：争取争取，不能太居功自傲。对了，由这件事我想再向老婆请教请教。你不是说过 Linda 穿着暴露够不上不符合录用条件和严重违纪吗？你怎么这么确定呢？

韩梅梅：我虽然没看过你们公司具体的规章制度，但也能猜个八九不离十。像你们这样的公司通常对着装要求没有那么具体，所以估计你们的规章制度不会把这种情况列入不符合录用条件和严重违纪的具体情形。

李　雷：厉害！不过咱们假设列入了呢？

韩梅梅：即使列进去了，你也很难证明这种情况确实存在和发生过。

李　雷：为什么啊？Linda 的着装风格在全公司都是闻名遐迩的，男女老少都知道的！就连上回那老外也看见了！这事真要是闹到法庭上去，我们都能作证！

韩梅梅：还闻名遐迩呢，是你们喜闻乐见吧。不过即便如此，要证明她这样也不容易。你们所做的证言属于企业内部人员所做的证人证言，用我们法务部老李的话讲，企业内部人员因为和企业有利害关系，所以证言的真实性和客观性都会大打折扣，被法庭采信的难度很大的。

李　雷：那录像或拍照总没问题吧？

韩梅梅：哼，那不和电子邮件一回事吗？都是电子形式的证据效力方面也仍然存在瑕疵啊！再说你还敢动给她录像拍照的心思?!你今天睡沙发吧，晚安！

李　雷：呃……

和平分手益处多

员工：今天遇到一件奇事，一个女同事本来已经和公司协商解除合同了，连协议都签了，听说钱也给了，但昨天这个女同事突然找到单位，要继续上班。她说她怀孕了，单位不能解除她，还说她当时签署协议的时候不知道自己怀孕，否则肯定不会签署的，连哭带闹的，看着真可怜……

人事：最近大家议论纷纷，其实这件事公司也非常无奈，一方面我们这位怀孕的女同事怀着孕再找工作确实不容易，但另一方面，公司已经与员工协商解除了，而协商解除在法律上不应当受到员工怀孕的影响啊。

- ①协商解除时企业是否有法定的支付代通知金的义务
- ②协商解除经济补偿金是否需要依法纳税
- ③协商解除协议的经济补偿金是税前还是税后的
- ④协商解除经济补偿金数额是否可以低于法定标准或者不约定经济补偿
- ⑤解除是否可以反悔
- ⑥协商解除是否必须遵守三倍封顶规定
- ⑦协商解除是否可以约定六个月后的时点作为解除时间
- ⑧协商解除经济补偿的工资标准是什么

CASE 048　解除协议未明示经济补偿金数额是否含税，税款应如何处理

HR：　　小李你好，给你打电话呢，是想确认一下你收到公司支付给你的经济补偿金没有。我们在昨天已经汇出了。

小 李：收到了，昨天就到账了，但是数额不对。

HR：　　啊？怎么不对了？

小 李：少给了三万多呢，还有零有整的。

HR：　　哦，那个应该是扣的个人所得税，那个是按照速算扣除数算的，肯定不可能是个整数。

小 李：别人怎么没听说扣税啊？

HR：　　哦，你的平均工资比较高，年限也长，所以补偿金的总数已经超过了免税额，超过的那部分是要纳税的。

小 李：可是签协议的时候没告诉我是要纳税的啊？

HR：　　哦，这个纳税义务呢，是相关规定的义务，不管是什么钱，除非法律有特别规定，你都是要纳个人所得税的。

小 李：那协议里可没这么写。我当时要是知道你们要扣掉税，那我肯定不同意这个数额啊！我当时同意的是实际到手那么多，不能到了手里还少了3万，我当时和你们谈的时候就已经让步挺多的了，这不是欺负我么？

HR：　　小李啊，这个纳税呢，是基本的常识，就是协议里不写，你也是要纳税的。

小 李：我说的不是我应不应该纳税的问题，而是你们现在付给我的钱比协议里写的数额要少。协议里并没有说包含税款，那么就应该是税后给我这个数字。

HR： 那不成了公司替你承担税了么？

小 李： 那你没写就应该你承担啊！

HR： 我们认为你这个理解是不正确的。你的个人所得，当然是由你自己来纳税，公司纳公司该纳的税，你缴纳你该纳的税。

小 李： 那就算是我该纳税，那也是我自己的事，为什么你们给我扣？

HR： 这是有相关规定的啊，公司是代扣代缴义务人，从我们这里发给你的任何一笔费用，我们都是要替你完成扣税的。扣了的这些税款，也是交给税务机关了，并不是扣在公司手里。

小 李： 我不能接受你的说法，我要去仲裁立案，要求公司支付我这三万多的差额。

一家之言 依据《个人所得税法》，缴纳个人所得税是每个公民应尽的义务，劳动者应当依法缴纳，而用人单位则应依法代扣代缴。近年来劳动合同双方常常因解除劳动关系的经济补偿所得超过免税部分的税款应由哪一方承担而产生争议，建议双方在解除协议中明确约定，避免分歧。

CASE 049　协商解除可否约定不支付经济补偿

小　刘：经理，我谈成了一个协商解除！

经　理：是嘛，那恭喜你了，入职一年多终于自己谈成协商解除了。

小　刘：呵呵，谢谢老板鼓励！这个员工还真的不太好谈呢。

经　理：那你说说看。

小　刘：是这样的，这个员工入职一个多月，在试用期内，但是部门经理觉得他离岗位要求还是有一定距离的，所以就让我去找他谈协商了。

经　理：你是怎么谈的?

小　刘：我就跟他讲了他入职时签署的岗位说明书中确定的岗位职责和具体的要求，同时把他这一个月的工作做了简单的梳理和总结，指出了他工作中的不足。

经　理：还行嘛，是这个思路。那他怎么说的?

小　刘：他刚开始还跟我找一些客观原因，后来我一一给他化解回去之后他就没话说了，最后他说打算再回家好好准备明年的研究生考试。所以我们就达成一致了。

经　理：干得不错。那最后谈的是半个月工资作为经济补偿?

小　刘：嘿嘿，没有任何补偿，直接签的协议，因为我跟他说他来这里就是错误，还是回去好好读书才是出路，没想到他就同意了。

经　理：没有补偿?

小　刘：是啊，没有任何补偿，直接协商解除的，怎么样，经理，我厉害吧?

经　理：你现在马上找到这个员工把协议要回来，换成他给咱们写封辞职信。

小　刘：为什么啊？您不是说有了协商解除协议就不用员工交辞职信了吗？

经　理：我告诉你，根据劳动合同法的规定，协商解除是必须向员工支付经济补偿的。这是法律的硬性规定。你说人家员工已经同意不要钱了，但是我告诉你这一点是有争议的问题，因为当事人双方达成的约定与法律发生冲突了，为了避免引起不必要的争议，咱们在前期谈协商解除的时候就应该注意这一点。如果员工明确表示不要求经济补偿的话，我们最好劝员工写一封辞职信，这样，双方的劳动关系就因员工个人辞职而解除了，不是协商解除，所以就名正言顺不用支付经济补偿了。

小　刘：经理，您真是老谋深算，运筹帷幄啊，小弟佩服。

经　理：那是，我经手的协商解除协议比你做过的阅读理解题都多，快去要辞职信。

一家之言　依据《劳动合同法》第三十六条、第四十六条、第四十七条，企业与员工协商解除劳动合同，应当按照不低于法律最低标准的数额支付经济补偿金，而约定不支付经济补偿的协商解除协议，由于不符合法律的强制性规定，是否能够实现通过双方的意思自治而对抗相关规定，尚不明确，因此即使签了协议也可能存在法律风险。且法律法规对该协议在适法性、严谨性及全面性方面有较高的要求，因此建议采取劝退，员工提交辞职信的方式结束劳动关系。

CASE 050　协商解除的经济补偿是否有最高标准

Adam：Hey，Jack，Sales 的 leader 说 Bob 实在无法融入他的团队，虽然他个人能力很出色，但是为了团队能够稳定而高效地运行下去，希望我们能够跟 Bob 协商解除合同。

Jack：协商啊，那他准备出多少钱啊？

Adam：从现在算 Bob 离职前的 12 个月平均工资应该是 4.5 万，超过了今年北京地区的社会平均工资的三倍，那就按 3 倍社会平均工资算就好了啊，这不有固定的数额了嘛，你怎么还要问他准备出多少钱？

Jack：协商解除是要考虑当事人双方意愿的，如果你这封顶的数额不能够满足 Bob 的心理需求，他不在协商解除协议书上签字，协商就相当于没有成功啊，也就意味着没有办法跟 Bob 解除劳动关系啊，所以这个数字只能够作为你谈判时的一个价码，是否能够协商成功还要看 Bob 心里的数字是多少。

Adam：哦，原来是这样，那我得再跟 Sales 沟通一下了。

> 一家之言
>
> 协商解除是当事双方达成的一项民事约定，除受劳动法律的强制性规定调整外，还应当受合同法的一般原则调整。民事合意以当事双方的意思自治为基础，这也可以理解为，在此种情形下，法律仅为双方设定了一个最低标准，双方的约定不低于这个标准即能够使该合意产生法律效力。

CASE 051　协商解除协议能否提前半年签署

J：Adam，Sales 又提出了一个新问题，我觉得有点奇怪，咱俩讨论一下呗。

A：他们还真是每天都有新情况呀，这次又有什么特别的需求？

J：他们跟一个员工谈协商解除，员工呢也同意。

A：那还有啥问题。

J：但是员工觉得她现在跟进的项目很有价值，所以希望在项目结束的时候走。

A：所以呢？

J：Sales 那边为了能让员工同意，可以同意她完成这个项目再走。

A：那就到时候签不就行了。

J：但他们又觉得不太踏实，想趁这个机会先把协商解除协议签了。

A：那这项目什么时候完成能确定吗？他们总不能在协议书里最后工作日或者劳动合同解除日的那个部分写一个"以某某项目结束日期为准"吧。那项目结束的标准又怎么算呢？

J：是啊，这个问题我也问他们来着，于是他们又和员工协商确定了一个时间，就是 6 个月后。

A：所以相当于签一个协议，约定的解除时间是 6 个月之后？

J：嗯，就是这个意思。

A：那也没法写补偿金啊。

J：我倒是想了一个，能不能写个开放的，比如不低于相关规定的最低标准，到时候要是部门愿意多给她，就再就数额签个补充协议呗。

A：嗯，我倒是也没这么操作过，但我觉得也没有哪条法律说不能这么操作，所以应该就没什么问题吧。

> **一家之言**
>
> 协商解除劳动合同是双方意思自治并达成一致的结果。只要双方是真实的意思表示并达成一致，就应当是合法有效的。《劳动合同法》第36条仅规定了用人单位与劳动者协商一致，可以解除劳动合同，并未禁止双方提前约定在之后的某个时点解除。根据法无禁止即为许可的原则，只要劳动者没有证据证明存在合同无效或者可撤销的情形，该协议应当是合法有效的。

CASE 052　经济补偿金应当如何计算

孙HR： 小猪啊，今天叫你来主要是想跟你说一件事：你来咱公司这么多年了，想必你也看出来了，现在经济大环境不好，咱公司打算缩减业务，开源节流，你的业绩一直都上不去，在咱公司也没什么发展前景，要不你还是另谋生路去吧……

朱小头： 这……我工作没有任何问题，您这不是违法解除吗？

孙HR： 瞧你说的，这不是在跟你商量嘛。你就这样在咱公司耗着也没什么发展，不如拿一笔经济补偿金，出去再找个适合自己的工作。你看你做销售这都好几年了，业绩总是全组人里垫底儿的那个，工作压力又大，吃不香睡不着的，是不是也是时候想想自己到底适不适合做销售了啊……

朱小头： 您这话倒不假，我大学本科学的是计算机编程，刚毕业工作不好找，才赶鸭子上架硬着头皮做的销售啊……

孙HR： 这样啊，那这事儿好办了，我有个哥们儿是××公司的人力资源总监，他们公司的主营业务刚好跟你的专业对口，我去帮你问问看他们最近招不招人，给你争取个面试的机会啊。

朱小头： 哎呀，孙总，要真能这样的话就太感谢您了！我毕业那会儿还投过简历去那家公司呢，无奈人家门槛太高看不上我啊……

孙HR： 嗯，我尽量帮你问问。那咱现在谈谈离职补偿金的事儿吧。

朱小头： 那好吧。

孙 HR： 你来咱公司刚好三年零五个月了，按照相关规定呢，应该补偿你 3.5 个月的工资……

朱小头： 不是啊，孙总，我听部门的大姐说，以前有同事离职，都是工作几年就给几个月的工资，不满一年的也按一年的标准给，没听说还有只给半个月的啊！

孙 HR： 哎，你这都是从哪儿听来的老黄历了！那都是 2008 年以前的规定了，现在早就按《劳动合同法》的规定给了，小猪你的信息来源太不可靠了啊！咱接着说啊，你每月的基本工资是 4 500，再乘以 3.5……

朱小头： 孙总，我还得再打断您一下，算经济补偿金好像不应该拿基本工资当基数吧？我每月的奖金和加班费是不是都得包括在里面啊？我们做销售的那奖金可是大头啊，孙总您可别蒙我啊！

孙 HR： 哦，对，得包括，最近太忙了脑子有点晕，幸亏你提醒我了啊……

朱小头： 孙总，那既然这样咱还是算仔细点儿好，公司每月发给我的交通补贴、餐补和通信费，是不是都得算作我的工资基数啊！

孙 HR： 小猪你心还真细！你说的这三样得分开算了，根据规定，公司为员工提供的交通、住房、通信等补贴，已经实行货币化改革了，按月按标准发放，是应当纳入职工工资总额的，就比如咱公司每月发给你的交通费和通信费。但是咱公司那是有自办职工食堂的，你每天在那儿吃饭也没花钱啊，那属于企业职工福利，可不能再算作你的工资总额了啊！

225

朱小头：哦，您这样一说我就明白了，敢情分得这么细呢！那我懂了，就按您给我算的数作为工资基数吧。

孙HR：行，等我算好了，你看没问题，咱就签解除协议啊！

朱小头：哦。那我再问你个问题呗：咱公司跟我解除劳动关系都没提前通知我，是不是得再支付我一个月的代通知金啊？

孙HR：……

一家之言

依据《劳动合同法》第四十七条及财政部、原劳动部（现人力资源和社会保障部）有关工资的规定，经济补偿金的计算方式是按工作年限每满一年补偿一个月，半年以上不满一年按一个月，半年以下按半个月计算；而所谓离职前12个月平均工资，除相关规定的按职工福利、劳动保护支出等费用处理而不计入工资总额的部分外，全部货币性及稳定发放的、可以等额估值的非货币性收入都应当算入。

小 结

↘ ①《劳动合同法》第三十六条规定：用人单位与劳动者协商一致，可以解除劳动合同。根据该规定，企业没有法定的支付代通知金的义务，但是实践中，员工往往会要求多支付1个月的费用，而既然是协商解除，就应当以双方意见达成一致为最终目的，因此如果员工要求，企业有可能还是要支付该费用。

↘ ②根据《关于个人与用人单位解除劳动关系取得的一次性补偿收入征免个人所得税问题的通知》的规定，个人因与用人单位解除劳动关系而取得的一次性补偿收入（包括用人单位发放的经济补偿金、生活补助费和其他补助费用），其收入在当地上年职工平均工资3倍数额以内的部分，免征个人所得税。

↘ ③一般解除经济补偿数额的约定应当为税前。但是实践中一旦合同双方理解不一致就会产生争议。为避免后续争议，建议双方在签署协议时明确约定税前还是税后。

↘ ④对于协商解除经济补偿金数额究竟能否低于法定标准的问题，存在两种不同的意见：一种认为只要双方达成合意，尽管低于法定标准也是合法有效的；另一种认为法律对于经济补偿金有确定的底线，若出现约定和法定不一致，应以相关规定为准。我们认为，《劳动合同法》的规定对于企业来说是最低义务的表现，因此只能高于法定标准履行义务。

↘ ⑤《劳动合同法》没有规定因员工出现特殊情形而对协商解除作出禁止性规定，因此，严格从相关规定来讲，协商解除之后，如果没有出现法定无效或可撤销情形，协商解除是不能反悔的。

↳ ⑥《劳动合同法》第四十七条规定：劳动者月工资高于用人单位所在直辖市、设区的市级人民政府公布的本地区上年度职工月平均工资3倍的，向其支付经济补偿的标准按职工月平均工资3倍的数额支付，向其支付经济补偿的年限最高不超过12年。上述规定是用人单位向劳动者支付经济补偿金时应遵守的法定标准，协商解除也是需要用人单位向劳动者支付补偿金的，因此也可以适用上述标准。但是协商解除毕竟要求与劳动者协商一致才能生效，而劳动者可能超出上述标准主张经济补偿金。

↳ ⑦企业与员工签署的协商解除协议书，只要是双方协商一致且签字盖章的，协议书均是有效的，不能仅凭一方意愿而撤销。但是如果提前6个月签署协商解除协议书，由于距离解除日期较远，可能会发生致使该协议无效或可撤销的情形。

↳ ⑧根据《劳动合同法》的规定，月工资是指劳动者在劳动合同解除或者终止前12个月的平均工资，但是协商解除毕竟要求与劳动者协商一致才能生效，而劳动者可能超出上述标准主张经济补偿金。

温馨提示

　　回到开篇的对话，虽然从相关规定来说，即使员工处于怀孕期间，协商解除也应当是成立的，但是建议企业在今后对于"三期"员工的解除还是应当谨慎处理，可以在协商解除协议中加入员工确认条款，以减少后续纠纷。

相关规定

CASE 048

《个人所得税法》

第一条 在中国境内有住所,或者无住所而一个纳税年度内在中国境内居住累计满一百八十三天的个人,为居民个人。居民个人从中国境内和境外取得的所得,依照本法规定缴纳个人所得税。

在中国境内无住所又不居住,或者无住所而一个纳税年度内在中国境内居住累计不满一百八十三天的个人,为非居民个人。非居民个人从中国境内取得的所得,依照本法规定缴纳个人所得税。

第二条 下列各项个人所得,应纳个人所得税:

(一)工资、薪金所得;

(二)劳务报酬所得;

(三)稿酬所得;

(四)特许权使用费所得;

(五)经营所得;

(六)利息、股息、红利所得;

(七)财产租赁所得;

(八)财产转让所得;

(九)偶然所得。

第九条 个人所得税,以所得人为纳税义务人,以支付所得的单位或者个人为扣缴义务人。

CASE 049

《劳动合同法》

第三十六条 用人单位与劳动者协商一致,可以解除劳动合同。

第三十七条 劳动者提前三十日以书面形式通知用人单位，可以解除劳动合同。劳动者在试用期内提前三日通知用人单位，可以解除劳动合同。

第四十六条 有下列情形之一的，用人单位应当向劳动者支付经济补偿：

（一）劳动者依照本法第三十八条规定解除劳动合同的；

（二）用人单位依照本法第三十六条规定向劳动者提出解除劳动合同并与劳动者协商一致解除劳动合同的；

（三）用人单位依照本法第四十条规定解除劳动合同的；

（四）用人单位依照本法第四十一条第一款规定解除劳动合同的；

（五）除用人单位维持或者提高劳动合同约定条件续订劳动合同，劳动者不同意续订的情形外，依照本法第四十四条第一项规定终止固定期限劳动合同的；

（六）依照本法第四十四条第四项、第五项规定终止劳动合同的；

（七）法律、行政法规规定的其他情形。

第四十七条 经济补偿按劳动者在本单位工作的年限，每满一年支付一个月工资的标准向劳动者支付。六个月以上不满一年的，按一年计算；不满六个月的，向劳动者支付半个月工资的经济补偿。

劳动者月工资高于用人单位所在直辖市、设区的市级人民政府公布的本地区上年度职工月平均工资三倍的，向其支付经济补偿的标准按职工月平均工资三倍的数额支付，向其支付经济补偿的年限最高不超过十二年。

本条所称月工资是指劳动者在劳动合同解除或者终止前十二个月的平均工资。

CASE 050

《劳动合同法》

第三十六条 （具体内容参见 CASE 049）

第四十六条 （具体内容参见 CASE 049）

第四十七条 （具体内容参见 CASE 049）

CASE 051

《劳动合同法》

第三十六条 （具体内容参见 CASE 049）

第二十六条 下列劳动合同无效或者部分无效：

（一）以欺诈、胁迫的手段或者乘人之危，使对方在违背真实意思的情况下订立或者变更劳动合同的；

（二）用人单位免除自己的法定责任、排除劳动者权利的；

（三）违反法律、行政法规强制性规定的。

对劳动合同的无效或者部分无效有争议的，由劳动争议仲裁机构或者人民法院确认。

CASE 052

《劳动合同法》

第四十六条 （具体内容参见 CASE 049）

第四十七条 （具体内容参见 CASE 049）

第四十八条 用人单位违反本法规定解除或者终止劳动合同，

劳动者要求继续履行劳动合同的，用人单位应当继续履行；劳动者不要求继续履行劳动合同或者劳动合同已经不能继续履行的，用人单位应当依照本法第八十七条规定支付赔偿金。

《劳动合同法实施条例》

第十九条 有下列情形之一的，依照劳动合同法规定的条件、程序，用人单位可以与劳动者解除固定期限劳动合同、无固定期限劳动合同或者以完成一定工作任务为期限的劳动合同：

（一）用人单位与劳动者协商一致的；

（二）劳动者在试用期间被证明不符合录用条件的；

（三）劳动者严重违反用人单位的规章制度的；

（四）劳动者严重失职，营私舞弊，给用人单位造成重大损害的；

（五）劳动者同时与其他用人单位建立劳动关系，对完成本单位的工作任务造成严重影响，或者经用人单位提出，拒不改正的；

（六）劳动者以欺诈、胁迫的手段或者乘人之危，使用人单位在违背真实意思的情况下订立或者变更劳动合同的；

（七）劳动者被依法追究刑事责任的；

（八）劳动者患病或者非因工负伤，在规定的医疗期满后不能从事原工作，也不能从事由用人单位另行安排的工作的；

（九）劳动者不能胜任工作，经过培训或者调整工作岗位，仍不能胜任工作的；

（十）劳动合同订立时所依据的客观情况发生重大变化，致使劳动合同无法履行，经用人单位与劳动者协商，未能就变更劳动合同内容达成协议的；

（十一）用人单位依照企业破产法规定进行重整的；

（十二）用人单位生产经营发生严重困难的；

（十三）企业转产、重大技术革新或者经营方式调整，经变更劳动合同后，仍需裁减人员的；

（十四）其他因劳动合同订立时所依据的客观经济情况发生重大变化，致使劳动合同无法履行的。

第二十条　用人单位依照劳动合同法第四十条的规定，选择额外支付劳动者一个月工资解除劳动合同的，其额外支付的工资应当按照该劳动者上一个月的工资标准确定。

第二十七条　劳动合同法第四十七条规定的经济补偿的月工资按照劳动者应得工资计算，包括计时工资或者计件工资以及奖金、津贴和补贴等货币性收入。劳动者在劳动合同解除或者终止前12个月的平均工资低于当地最低工资标准的，按照当地最低工资标准计算。劳动者工作不满12个月的，按照实际工作的月数计算平均工资。

《关于贯彻执行〈中华人民共和国劳动法〉若干问题的意见》（劳部发［1995］309号）

53. 劳动法中的"工资"是指用人单位依据国家有关规定或劳动合同的约定，以货币形式直接支付给本单位劳动者的劳动报酬，一般包括计时工资、计件工资、奖金、津贴和补贴、延长工作时间的工资报酬以及特殊情况下支付的工资等。"工资"是劳动者劳动收入的主要组成部分。劳动者的以下劳动收入不属于工资范围：(1) 单位支付给劳动者个人的社会保险福利费用，如丧葬抚恤救济费、生活困难补助费、计划生育补贴等；(2) 劳动保护方面的费用，如用人单位支付给劳动者的工作服、解毒剂、清凉饮料费用等；(3) 按规定未列入工资总额的各种劳动报酬及其他劳动收入，如根据国家规定发放的创造发明奖、国家星火奖、自然科学奖、科学技术进步奖、合理化建议和技术改进奖、中华技能大奖等，以及稿费、讲课费、翻译费等。

54. 劳动法第四十八条中的"最低工资"是指劳动者在法定工作时间内履行了正常劳动义务的前提下，由其所在单位支付的最低劳动报酬。最低工资不包括延长工作时间的工资报酬，以货币形式支付的住房和用人单位支付的伙食补贴，中班、夜班、高温、低温、井下、有毒、有害等特殊工作环境和劳动条件下的津贴，国家法律、法规、规章规定的社会保险福利待遇。

55. 劳动法第四十四条中的"劳动者正常工作时间工资"是指劳动合同规定的劳动者本人所在工作岗位（职位）相对应的工资。鉴于当前劳动合同制度尚处于推进过程中，按上述规定执行确有困难的用人单位，地方或行业劳动部门可在不违反劳动部《关于〈工资支付暂行规定〉有关问题的补充规定》（劳部发〔1995〕226号）文件所确定的总的原则的基础上，制定过渡办法。

56. 在劳动合同中，双方当事人约定的劳动者在未完成劳动定额或承包任务的情况下，用人单位可低于最低工资标准支付劳动者工资的条款不具有法律效力。

57. 劳动者与用人单位形成或建立劳动关系后，试用、熟练、见习期间，在法定工作时间内提供了正常劳动，其所在的用人单位应当支付其不低于最低工资标准的工资。

58. 企业下岗待工人员，由企业依据当地政府的有关规定支付其生活费，生活费可以低于最低工资标准，下岗待工人员中重新就业的，企业应停发其生活费。女职工因生育、哺乳请长假而下岗的，在其享受法定产假期间，依法领取生育津贴；没有参加生育保险的企业，由企业照发原工资。

59. 职工患病或非因工负伤治疗期间，在规定的医疗期内由企业按有关规定支付其病假工资或疾病救济费，病假工资或疾病救济费可以低于当地最低工资标准支付，但不能低于最低工资标准的80%。

《财政部关于企业加强职工福利费财务管理的通知》（财企〔2009〕242号）

一、企业职工福利费是指企业为职工提供的除职工工资、奖金、津贴、纳入工资总额管理的补贴、职工教育经费、社会保险费和补充养老保险费（年金）、补充医疗保险费及住房公积金以外的福利待遇支出，包括发放给职工或为职工支付的以下各项现金补贴和非货币性集体福利：

（一）为职工卫生保健、生活等发放或支付的各项现金补贴和非货币性福利，包括职工因公外地就医费用、暂未实行医疗统筹企业职工医疗费用、职工供养直系亲属医疗补贴、职工疗养费用、自办职工食堂经费补贴或未办职工食堂统一供应午餐支出、符合国家有关财务规定的供暖费补贴、防暑降温费等。

（二）企业尚未分离的内设集体福利部门所发生的设备、设施和人员费用，包括职工食堂、职工浴室、理发室、医务所、托儿所、疗养院、集体宿舍等集体福利部门设备、设施的折旧、维修保养费用以及集体福利部门工作人员的工资薪金、社会保险费、住房公积金、劳务费等人工费用。

（三）职工困难补助，或者企业统筹建立和管理的专门用于帮助、救济困难职工的基金支出。

（四）离退休人员统筹外费用，包括离休人员的医疗费及离退休人员其他统筹外费用。企业重组涉及的离退休人员统筹外费用，按照《财政部关于企业重组有关职工安置费用财务管理问题的通知》（财企［2009］117号）执行。国家另有规定的，从其规定。

（五）按规定发生的其他职工福利费，包括丧葬补助费、抚恤费、职工异地安家费、独生子女费、探亲假路费，以及符合企业职工福利费定义但没有包括在本通知各条款项目中的其他支出。

二、企业为职工提供的交通、住房、通讯待遇，已经实行货币化改革的，按月按标准发放或支付的住房补贴、交通补贴或者车改补贴、通讯补贴，应当纳入职工工资总额，不再纳入职工福利费管理；尚未实行货币化改革的，企业发生的相关支出作为职工福利费管理，但根据国家有关企业住房制度改革政策的统一规定，不得再为职工购建住房。

企业给职工发放的节日补助、未统一供餐而按月发放的午餐费补贴，应当纳入工资总额管理。

轻松一刻

李　雷：老婆，这都过了一天了，别生气了，再把身体气坏了。

韩梅梅：别理我，你去给Linda拍照片去吧。

李　雷：我又不是冠希哥，没这爱好。再说我这不是请教你关于证据的问题嘛……老婆你知识真是太渊博了，我怕我不及时吸取你知识的精华你会营养过剩的。

韩梅梅：哼，少来这套！

李　雷：老婆，要按你昨天那么说，那还怎么证明一个事实的存在啊？

韩梅梅：这方面我也不是太懂，毕竟对于一个证据是否会采信是人家法院的事，我只能从我们公司曾经遇到的一些案例得出一个大致的感觉，那就是书面类证据要比电子类证据和证人证言的证明力要强，员工签字确认过的文件啊单据啊员工难以否认，有些电子类证据经过公证也有很强的证明力。嗨，真不是一两句话能说清楚的，因为每次遇到的具体情况不同，可能关联的事实啊，可能收集到的材料、信息都不可能一样，因此不能一概而论。总之吧，证明一件事可不是靠嘴说，是要有实实在在的证据的，否则别说人家法院了，鬼都不信！

李　雷：我越来越佩服我老婆了！原来老婆早就料到Lisa那边不会有什么像样的证据，才直接建议和Linda协商解除啊。

韩梅梅：阿弥陀佛，你总算明白些了！对了，你嘴上总是说爱我，这件事怎么证明啊?

李　雷：我把心剖给你看!

韩梅梅：你看你这就是典型的靠嘴说了，你的心还是先放肚子里吧。你交给家里的工资越来越多、把自己的身体弄得棒棒的就是最强有力的证据。看你这两天肯定没休息好，我就暂且先不计较昨天的事儿了哦，你今天可以不用睡沙发了。

无药可救怎么办

之一

员工：我要去诉公司!几个月前公司和我签署了为期2年的合同,但却约定了6个月的试用期,而法律上写得很清楚:"劳动合同期限一年以上不满三年的,试用期不得超过二个月",我当时因为工资也没少发我,就没有理会这个事。谁知道在我入职第四个月的时候,公司竟然要以不符合录用条件解除我,欺人太甚!我要去诉!

人事:您别激动,在您入职的时候咱们就已经在录用说明里明确约定了试用期内不得请病假,结果您看您呢,三天两头的请假,累计请病假都够两个多月了,严重不符合咱们当时的试用期约定呀。再说了,试用期本来就是互相考察的期间,由于您长期请假,即使试用期的时长不符合相关规定,我个人认为也可以顺延。

↘ ①可否以未通过入职体检为由解除合同
↘ ②怎样证明员工"不符合"录用条件
↘ ③试用期不符合录用条件的解除必须在试用期内作出吗
↘ ④试用期考试不及格,单位是否可以试用期不符合录用条件为由解除员工

CASE 053 体检指标可否作为录用条件

小 刘：为什么要跟我解除劳动合同？
HR： 哦，您没有通过入职体检。
小 刘：哪个指标没通过？
HR： 您没有查肝功五项。
小 刘：肝功五项不是不能强制检查么？那是我的隐私。
HR： 嗯，您的体重超标。
小 刘：我这个工作跟体重有什么关系啊？
HR： 嗯，是这样，您承担的工作是软件研发，基本是坐在办公室里不活动的，您目前的身体状态不适合长期从事这样的工作。
小 刘：你是怕我会更胖么？
HR： 哦，公司主要还是担心您从事目前这种几乎没有任何运动量的工作，会给您的身体带来更重的负担。公司的健康管理部给出了数据分析，如果不对体重进行控制，那么从事这类静态工作一年左右，会出现很多与肥胖相关的疾病。
小 刘：你们怕我病了花公司的钱看病是么？
HR： 哦，不是这个意思，公司当然会给每一位员工缴纳医疗保险。
小 刘：那你们这就是赤裸裸的歧视啊！
HR： 这个问题您不能这么理解。公司的企业文化是以健康为首位的，倡导员工绿色生活，阳光向上。
小 刘：我怎么就不绿色了，就不阳光了？
HR： 您有屈光不正。

小　刘：那是近视眼好不好，所有的近视眼都叫屈光不正。

HR：　您的裸眼视力不足4.7。

小　刘：我要够4.7我就不戴眼镜了。咱公司还不要戴眼镜的？

HR：　哦，不是，是您的诸多指标表明您的综合身体状态都不是特别经得起大强度的工作。

小　刘：我一做程序的，需要多大工作强度啊？

HR：　总之呢，您现在不符合公司的录用条件。

小　刘：公司的录用条件是什么？

HR：　身体健康肯定是一方面。

小　刘：那你跟我说说什么叫身体健康？你们招聘广告上写了么？给我发 offer letter 的时候说这事儿了么？我都上了一个月班儿了，我适不适合这份工作你们看不出来？

HR：　我们在 offer letter 里不是提示您了么？如果能够通过入职体检，就正式录用您。

小　刘：没有正式录用我，那给你们干这一个月的活儿算什么？

HR：　当然是试用期啊。

小　刘：我连劳动合同都没有，哪来的试用期？

> **一家之言**　为了避免引起就业歧视方面的争议与分歧，除对劳动者身体健康条件确有特殊要求的行业之外，不建议用人单位以体检指标作为录用条件，特别是已建立劳动关系后对员工进行入职体检并根据结果以试用期不符合录用条件为由解除劳动关系的，风险较大。

之二

员工：昨天公司突然通知我要和我解除劳动关系，理由是我与其他单位建立劳动关系对公司的工作造成了影响。这我就不明白了，我不就是和朋友开了个公司嘛，我担任的是监事，这和公司的工作没有冲突吧，明天我要去找人事理论，我认为公司解除我是绝对违法的，我要求公司恢复我的工作以及名誉。

人事：我们都看到你在新公司的名片了，在另外一家公司里你的职衔还真多啊，又是人力主管又是法务主管的，难道这不是双重劳动关系吗？你还想公司怎么证明？你说你在另一家公司都身兼多职了，还能全身心在我们公司工作吗？而这就是对公司造成了损失啊，所以公司解除你是没有问题的。

↘ ⑤双重劳动关系违法吗
↘ ⑥招用双重劳动关系的员工，企业的风险有哪些
↘ ⑦只要员工构成双重劳动关系，单位就能解除员工吗
↘ ⑧怎样证明员工构成了双重劳动关系

CASE 054　在外兼职是否属于双重劳动关系

小　李： 曹经理，您找我啊？

曹经理： 嗯，小李，快进来坐，有个事儿啊，想跟你聊聊。

小　李： 有事儿您说话……

曹经理： 是这样的。听你的部门经理反映，你最近工作很不在状态啊！经常迟到早退，有时候上着上着班就趴下睡了。这是怎么回事儿啊？

小　李： 曹经理是这样的，我家最近出了点事儿，我天天东奔西跑的，捞不着休息，可能是累的。这事儿是我不对，我保证以后多注意！

曹经理： 真的是家里有事儿么？我怎么听说你在别的公司又找了个活儿啊！

小　李： 真是什么事情都逃不过您的法眼！跟您说实话吧，确实是家里有事儿急需用钱，实在没办法了，才找了个兼职，想多挣点儿啊，我这真是迫不得已啊……

曹经理： 你家里有困难想挣钱这我都能理解，可是耽误本职工作这就有点儿说不过去了吧！

小　李： 经理您这话就严重了，我也就偶尔晚点来早点走，可没耽误本职工作啊……

曹经理： 小李啊，我虽然是人力资源部的，但是各个部门的事儿我还是都了解一点儿的！上个月因为你的疏忽导致客户退了两批货，你知道给公司造成了多么严重的损失么！！你是真不知道还是装傻呀？公司已经研究决定了，要跟你解除劳动合同。

小　李：啊？我只是在外面兼了个职，也不能就这样把我开了呀？

曹经理：根据相关规定，你在和我公司有劳动关系的前提下又与其他用人单位建立劳动关系，并且对完成我公司的工作任务造成严重影响的，我们可以立刻跟你解除劳动关系并且不用支付经济补偿。

小　李：不对呀，我跟兼职那公司没有建立劳动关系，我都没跟他们签劳动合同的！

曹经理：你这种情况属于事实劳动关系。

> **一家之言**
>
> 依据《劳动合同法》第三十九条第（四）项，劳动者与用人单位履行劳动关系期间与其他单位建立新的劳动关系，并且严重影响本单位工作或经本单位提出拒不改正的，单位有权立即解除劳动合同。但单位应就存在新劳动关系、严重影响本单位工作等事实承担举证责任。

之三

员工： 最近真是不顺利，上周一中午喝了点酒，下午工作的时候把一个仪器给弄坏了，平时喝酒也没有出过这种差错，哎，偏偏这次就……昨天听人事说公司准备以严重失职为由来解除和我的劳动关系了。可是话又说回来了，我弄坏的仪器造成的经济损失说大不大说小不小，不属于给公司造成严重损失吧？

人事： 公司的态度是非常坚决的，你这件事情在公司内部影响非常不好。你喝酒这事本身就构成严重违纪了，再加上因为喝酒造成仪器的毁坏，已经构成严重失职，给公司造成重大损害。你现在说损失不大，可是在公司看来这样的损失是足够严重的，所以公司以这样的理由解除是充分的。

- ⑨严重失职和营私舞弊是什么关系
- ⑩严重失职中的"职"指的是什么
- ⑪严重失职必须达到严重的程度吗
- ⑫怎样理解失职和失误
- ⑬企业以严重失职、营私舞弊为由解除员工，必须是员工给公司造成了损失吗
- ⑭给公司造成名誉上的损失是否也视为一种重大损失

CASE 055 "严重失职"中"职"的定义是什么

J: Adam！Sales又要求咱们解除一个员工了。

A: 这次又是什么理由啊？

J: 说员工开虚假发票回来报销。

A: 咱们财务同事查出来的？

J: 好像不是，据说是他们因为报销特别多，所以自己部门内还设了一道审核关卡，先核对一遍发票真伪，应该就是在这个时候查出来的，说是用这个发票上的票号在税务局网站上查到的对应的发票开具单位和员工提交的这张发票上的开票单位不一致。

A: 哦？那员工为什么这么做啊？

J: Sales说员工就是为了骗取报销款。

A: 你找员工谈了么？

J: 没啊，我刚刚才知道这事儿就过来请示你了！

A: 我觉得咱们还是先跟员工谈谈吧，员工就算真是想要骗，也不能伪造得这么明显吧，这不是一查就查出来了嘛。

Adam约谈员工×××

A: 你好，你的部门向我们反映说你最近有一张发票的报销好像有点问题，我们想问一下是怎么回事。

员工: Adam，你好！我觉得也没什么可说的吧，就是有人看我不顺眼！

A: 为什么这么说呢？

员工: 我们干的这个活开出假发票的可能性特别大，你知道我们这个发票上显示的信息费是什么？

247

A： 确实不太清楚你们的业务流程。

员工： 是找渠道买名单和相应的电话号码，你说我开到假发票的几率得多大?!

A： 哦，是这样啊。

员工： 是啊，不瞒你说，早上我们部门有人找我谈过了，说是让我自己写辞职信走人，不然就以严重失职，造成重大损失为由跟我单方解除劳动合同，离职证明还得把这个给我写出来，对我再找工作也会造成影响。

A： 哦，他可能就是站在自己的角度跟你谈谈，毕竟也没有公司的文件通知你嘛。

员工： 嗯，道理我大概也明白。我就是气愤！一开始说我是故意造假，凭什么啊！后来又说我严重失职，给公司造成重大损失，什么叫严重失职啊？我的工作内容和工作要求还有绩效考核里都没有要求我还得自己检验发票的真假啊。重大损失？多大算重大啊！

A： 嗯，你也别太激动，我大概明白了，我会把你这些主张反馈给部门的。

一家之言

依据劳动法律及相关实践的理解，"严重失职，给公司造成重大损害"，需要包含"严重失职"及"重大损害"两个方面。关于"失职"，应当明确职责构成，并不应当按一般常理或常识进行职责推断，同时还要求劳动者因主观因素导致未依照规定履行自己的职务且达到严重的程度。而"重大损害"一般需要量化，且在员工手册中应规定严重失职和重大损害之间构成因果关系。

之四

员工： 前些天由于家里有点事有几天没去上班,结果今天收到了公司的通知,竟然要以严重违纪为由解除和我的劳动关系。我就问人事我违反了哪条纪律,人事竟然拿出一本员工手册,这个员工手册看起来很古老了,相信一定没有经过民主程序,所以我从根本上就不认可这个手册。

人事： 你也知道,公司最近正在搞军事化管理理念,最重要的一条就是要严明纪律和考勤,你偏在这个时候不请假不上班,这不是往枪口上撞嘛!至于你说的"古老"的员工手册,确实古老,因为这个是2006年公司制定的,一直沿用至今,而你说的"经过民主程序"的要求是2008年之后才有的。

↘ ⑮企业规章制度的制定没有经过民主程序就一定无效吗

↘ ⑯企业以劳动者违反规章制度为由与员工解除劳动合同的,是否企业只要证明该员工手册已经过民主程序,该规章制度就一定适用于该员工

↘ ⑰如何理解严重违纪的"严重"性

↘ ⑱用人单位以严重违纪为由与员工解除劳动合同,但用人单位在2年前已知悉该行为,用人单位的解除决定是否仍然

有效

↳ ⑲员工手册中规定连续休病假数日可解除劳动合同,单位是否可以据此解除与员工的劳动合同

↳ ⑳员工旷工数日,可否向员工发出返岗通知后解除与员工的劳动合同

CASE 056 请病假是否属于严重违纪

小　刘：为什么跟我解除劳动合同？

HR：　哦，你的部门通知我们，说你违反了公司的劳动纪律。

小　刘：什么纪律？

HR：　没有达到考勤要求。

小　刘：我哪天不是按时上下班了？我还经常加班，我都没问公司要加班费呢？凭什么说我不遵守考勤要求？

HR：　据你的经理统计，说你上个月请病假超过了公司规定的天数。

小　刘：公司规定多少天？

HR：　每月不得超过三天。

小　刘：哪儿写着呢？

HR：　员工手册啊。

小　刘：我没见过员工手册。

HR：　怎么能没见过呢，咱当时公布的时候人手一册，公司的网站上现在还贴着电子版呢。

小　刘：我没看过。

HR：　那我现在给你打开，你看，第三章第五条第十一项规定："职工每月病假不得超过三天，超过三天后再请病假的按旷工计算，累计旷工三天的，是严重违反劳动纪律，公司有权利解除合同。"

小　刘：这规定不合理啊！我哪天病，哪天好，这是我能决定的吗？再说了，我上月为什么发烧啊，加班加得啊！咱那天在郊区的活动，我当时负责联系接送车，一直在外面淋雨，后来还陪领导喝吐了，这当时谁都看见了的啊！
HR： 哦……那你还是得跟你们部门领导商量，反正咱们公司就是这么规定的，又不是只针对你一个人。
小 刘： 那你这规定也得有效啊！相关规定的医疗期至少还三个月呢！何况请病假是身体原因，身体不好也不能算违反劳动纪律啊！

一家之言 这是一个关于"劳动纪律"如何理解的问题，也是实践中争议较多的一个问题。一般的认识是，纪律是一种行为规则，设定或约定的目的旨在规范劳动者工作过程中的行为。生病需要休养，是劳动者的自然生理要求，很难通过行为来控制，不宜作为劳动纪律进行限制。

小 结

① 录用条件应当是明确的和客观的，用人单位最主要的义务是向员工履行公示义务，例如有员工的签字确认。企业在试用期解除员工也应当符合法定理由，而"未通过入职体检"并非法定的解除理由，企业以此为由解除与员工的劳动合同是违反相关规定的。

② "不符合"录用条件的证明不应当是主观判断或认定，而应该是客观的评价、考核体系。

③ "企业以试用期不符合录用条件"为由解除与员工的劳动合同必须在试用期内作出，超过试用期不可再以此为由解除员工的劳动合同。

④ "企业以试用期不符合录用条件"为由与员工解除劳动合同，需要对录用条件以及评价体系的客观性、合理性、合法性进行说明。员工试用期考试不及格是否属于不符合录用条件，也需要从是否约定过录用条件以及考评的合理性等方面进行判断。

⑤《最高人民法院关于审理劳动争议案件适用法律若干问题的解释（三）》第八条规定：企业停薪留职人员、未达到法定退休年龄的内退人员、下岗待岗人员以及企业经营性停产放长假人员，因与新的用人单位发生用工争议，依法向人民法院提起诉讼的，人民法院应当按劳动关系处理。由此可见，法律非但没有禁止双重劳动关系的存在，而且还进行了相关规范。

⑥《劳动合同法》第九十一条规定，用人单位招用与其他用人单位尚未解除或者终止劳动合同的劳动者，给其他用人单位造成损失的，应当承担连带赔偿责任。因此，如果企业招用的员工与其他单位存在劳动关系，那么后一家企业面临着被前一家企业追偿相关损失或赔偿的风险。

⑦《劳动合同法》第三十九条规定："劳动者有下列情形之一的，用人单位可以解除劳动合同……（四）劳动者同时与其他用人单位建立劳动关系，对完成本单位的工作任务造成严重影响，或者经用人单位提出，拒不改正的……"由此可见，如果仅存在双重劳动关系的情况，企业是不能单方解除员工的，还应当证明对本单位工作造成严重影响，或者证明企业提意见后员工拒不改正。

⑧以双重劳动关系为由解除劳动合同，应当证明员工与其他单位存在书面劳动合同或者事实劳动关系。

⑨《劳动合同法》第三十九条规定："劳动者有下列情形之一的，用人单位可以解除劳动合同……（三）严重失职，营私舞弊，给用人单位造成重大损害的……"这里的"严重失职"和"营私舞弊"是并列关系，满足其中一点即可。

⑩"职"指的是岗位职责，如果企业以《劳动合同法》第39条为由解除劳动合同，必须首先证明员工的岗位职责是什么，而这些是需要在员工入职的时候详细与员工约定清楚的。

⑪根据《劳动合同法》第三十九条的规定，必须达到严重的程度才能依据本条款解除与员工的劳动合同，因此企业必须就严重性予以证明。而严重性这一点，也正是失职和失误的

主要区分点。

↳ ⑫失职和失误的区分，可以从员工的过错程度以及造成损失的严重程度两方面进行考查。

↳ ⑬《劳动合同法》第三十九条规定："劳动者有下列情形之一的，用人单位可以解除劳动合同……（三）严重失职，营私舞弊，给用人单位造成重大损害的……"可见，企业以严重失职、营私舞弊为由解除劳动合同，必须举证证明员工给公司造成了重大损失。

↳ ⑭"给公司造成重大损失"一般理解为实际发生的损失，如果仅为名誉上的损失，难以成立该理由。

↳ ⑮2008年1月1日起实施的《劳动合同法》第四条规定：用人单位在制定、修改或者决定有关劳动报酬、工作时间、休息休假、劳动安全卫生、保险福利、职工培训、劳动纪律及劳动定额管理等直接涉及劳动者切身利益的规章制度或者重大事项时，应当经职工代表大会或者全体职工讨论，提出方案和意见，与工会或者职工代表平等协商确定。但是，在2008年1月1日之前并没有任何法律、法规有这样的规定。根据法不溯及既往的原则，2008年1月1日之前制定、修改的规章制度无须经过民主程序，但仍需向劳动者履行告知义务。

↳ ⑯《劳动合同法》第四条第二款规定了规章制度的制定、修改及决定程序，同时第四款还规定了，用人单位应当将直接涉及劳动者切身利益的规章制度和重大事项决定公示，或者告知劳动者。因此，企业规章制度不仅应当依法制定，还应当依法公示。

↳ ⑰企业在证明员工严重违纪时，除了需要证明相关纪律及违反的事实,还需就违纪行为的严重性进行证明。

↳ ⑱实践中用人单位发现员工严重违纪的时间与以严重违纪为由作出解除决定的时间存在时间差,用人单位的解除决定是否仍然有效关键看调查取证的合理性,比如持续发生的可以按累计计算,但是如果就此已经处理过,之后就不宜再次作为违纪事由。

↳ ⑲劳动纪律是用人单位管理员工的依据,劳动纪律不仅要依法制定和公示,内容本身还应当具有合法性和合理性,企业以"连续休病假数日"为由解除与员工的劳动合同,即使劳动纪律中有相关约定,也因该规定不符合合理性而导致解除违法。

↳ ⑳企业单方面向员工送达的文件或通知,即使员工签收,也仅视为员工收到该通知,而并非表示员工同意通知的内容。因此企业不能仅仅根据向旷工员工发出的返岗通知来解除劳动合同,还应当就旷工规定、考勤等进行举证。

温馨提示

1. 《劳动合同法》第十九条中已经有明确规定,试用期的长短是法定的,用人单位不得超过法定的时长与劳动者约定试用期。

2. 严重性的确定在法律上并没有明确界定,因此企业需要在相关的规章制度中界定对于本企业来说哪些损失构成严重损失,这样就相对明确了。

3. 如开篇故事,如果公司的员工手册是在2008年之前制定的,则不需要满足经过法定制定程序的要求,但是如果2008年后发生过修改或变更,还是应当经过民主程序的。

相关规定

CASE 053

《劳动合同法》

第十九条　劳动合同期限三个月以上不满一年的，试用期不得超过一个月；劳动合同期限一年以上不满三年的，试用期不得超过二个月；三年以上固定期限和无固定期限的劳动合同，试用期不得超过六个月。

同一用人单位与同一劳动者只能约定一次试用期。

以完成一定工作任务为期限的劳动合同或者劳动合同期限不满三个月的，不得约定试用期。

试用期包含在劳动合同期限内。劳动合同仅约定试用期的，试用期不成立，该期限为劳动合同期限。

第二十条　劳动者在试用期的工资不得低于本单位相同岗位最低档工资或者劳动合同约定工资的百分之八十，并不得低于用人单位所在地的最低工资标准。

第二十一条　在试用期中，除劳动者有本法第三十九条和第四十条第一项、第二项规定的情形外，用人单位不得解除劳动合同。用人单位在试用期解除劳动合同的，应当向劳动者说明理由。

第三十九条　劳动者有下列情形之一的，用人单位可以解除劳动合同：

（一）在试用期间被证明不符合录用条件的；

（二）严重违反用人单位的规章制度的；

（三）严重失职，营私舞弊，给用人单位造成重大损害的；

（四）劳动者同时与其他用人单位建立劳动关系，对完成本单位的工作任务造成严重影响，或者经用人单位提出，拒不改正的；

（五）因本法第二十六条第一款第一项规定的情形致使劳动合同无效的；

（六）被依法追究刑事责任的。

《关于进一步规范入学和就业体检项目维护乙肝表面抗原携带者入学和就业权利的通知》

二、进一步维护乙肝表面抗原携带者入学、就业权利，保护乙肝表面抗原携带者隐私权

县级以上地方人民政府人力资源社会保障、教育、卫生部门要认真贯彻落实就业促进法、教育法、传染病防治法等法律及相关法规和规章，切实维护乙肝表面抗原携带者公平入学、就业权利。各级各类教育机构不得以学生携带乙肝表面抗原为理由拒绝招收或要求退学。除卫生部核准并予以公布的特殊职业外，健康体检非因受检者要求不得检测乙肝项目，用人单位不得以劳动者携带乙肝表面抗原为由予以拒绝招（聘）用或辞退、解聘。有关检测乙肝项目的检测体检报告应密封，由受检者自行拆阅；任何单位和个人不得擅自拆阅他人的体检报告。

《就业促进法》

第二十五条　各级人民政府创造公平就业的环境，消除就业歧视，制定政策并采取措施对就业困难人员给予扶持和援助。

第二十六条　用人单位招用人员、职业中介机构从事职业中介活动，应当向劳动者提供平等的就业机会和公平的就业条件，不得实施就业歧视。

第二十七条　国家保障妇女享有与男子平等的劳动权利。

用人单位招用人员，除国家规定的不适合妇女的工种或者岗位外，不得以性别为由拒绝录用妇女或者提高对妇女的录用标准。

用人单位录用女职工，不得在劳动合同中规定限制女职工结婚、生育的内容。

第二十八条　各民族劳动者享有平等的劳动权利。

用人单位招用人员，应当依法对少数民族劳动者给予适当照顾。

第二十九条　国家保障残疾人的劳动权利。

各级人民政府应当对残疾人就业统筹规划，为残疾人创造就业条件。

用人单位招用人员，不得歧视残疾人。

第三十条　用人单位招用人员，不得以是传染病病原携带者为由拒绝录用。但是，经医学鉴定传染病病原携带者在治愈前或者排除传染嫌疑前，不得从事法律、行政法规和国务院卫生行政部门规定禁止从事的易使传染病扩散的工作。

第三十一条　农村劳动者进城就业享有与城镇劳动者平等的劳动权利，不得对农村劳动者进城就业设置歧视性限制。

CASE 054

《劳动合同法》

第三十九条　（具体内容参见 CASE 053）。

第九十一条　用人单位招用与其他用人单位尚未解除或者终止劳动合同的劳动者，给其他用人单位造成损失的，应当承担连带赔偿责任。

《关于确立劳动关系有关事项的通知》（劳社部发［2005］12号）

一、用人单位招用劳动者未订立书面劳动合同，但同时具备下列情形的,劳动关系成立。

(一)用人单位和劳动者符合法律、法规规定的主体资格;

(二)用人单位依法制定的各项劳动规章制度适用于劳动者,劳动者受用人单位的劳动管理,从事用人单位安排的有报酬的劳动;

(三)劳动者提供的劳动是用人单位业务的组成部分。

二、用人单位未与劳动者签订劳动合同,认定双方存在劳动关系时可参照下列凭证:

(一)工资支付凭证或记录(职工工资发放花名册)、缴纳各项社会保险费的记录;

(二)用人单位向劳动者发放的"工作证"、"服务证"等能够证明身份的证件;

(三)劳动者填写的用人单位招工招聘"登记表"、"报名表"等招用记录;

(四)考勤记录;

(五)其他劳动者的证言等。

其中,(一)、(三)、(四)项的有关凭证由用人单位负举证责任。

CASE 055　CASE 056

《劳动合同法》

第三十九条　(具体内容参见 CASE 053)

轻松一刻

李 雷：老婆，我不是顺利通过试用期了吗，喏，这是 Lisa 给我的岗位协议书。把笔给我吧，我这就签了。

韩梅梅：等等，等等！着什么急，让我看看！

李 雷：我看了其他人的了，都长得差不多，没事！赶紧签了得了！

韩梅梅：哼，多亏我看了。你看看这句话，写的是按最低基数缴纳社会保险和住房公积金呐，这可不行啊。

李 雷：有就不错了，好多公司还没有呢。再说了，社保和住房公积金缴得少，等于从我工资里面扣得少，我到手工资还多呢！

韩梅梅：话是这么说，但是社保和公积金的缴纳基数必须符合法律的规定，也就是说要符合实际收入的水平。往大了说，按实际基数缴纳，也是企业和员工要向国家承担的一项法定义务。

李 雷：老婆醒醒，现在不是上班时间，你的职业病又犯了……现在这么干的企业很多啊，而且上那么多社保和公积金，自己真能享受多少？

韩梅梅：那我和你说点实际的吧。比如公积金，你缴纳多少个人部分，企业也要缴纳相同数额的企业部分。假设按你实际收入缴纳的个人部分比按最低基数缴纳的个人部分多出 1 000，企业也要多掏 1 000 的企业部分，里外里要多出

2 000 呢。这些个人部分与企业部分也跑不了，最终还是都归你自己的，看似吃亏其实占便宜呢。

李　雷：你这么一说我觉悟就提高多了。

韩梅梅：哎，晓之以理还是比不上诱之以利啊，做群众的思想工作真是要讲方式方法啊。不过，你真的应该提醒一下你们公司，别再犯这种低级错误了。可别忘了，现在少缴貌似省钱占便宜，早晚不仅要把本金和罚款补缴回来，哪一天谁不高兴，还能借这个理由辞职索要经济补偿呢。不是我境界觉悟有多高，只是实在对这种明明犯着傻还自鸣得意的愚蠢行为表示无法理解。

李　雷：老婆又在发动你的嘲讽技能了。不过，如果公司和员工约定好了都少缴纳，这个就不会有后续争议了吧？

韩梅梅：没戏，约定不能违反相关规定的原则都不知道？你法学概论是体育老师教的吧？！

无可奈何话离愁

之一

员工：什么叫不胜任工作？仅凭领导的一番评价我就不胜任了吗？进行了一场所谓的考试我就不胜任了吗？我可是多次得到过公司的优秀员工奖的。公司怎么能够以这么简单粗暴的理由就否定我了，是，我最近家里有点事表现不太好，但也不至于就以不胜任解除我了吧，我得找公司要个说法。

人事：我对于你的情况表示理解，但是这是你们部门的决定，也是公司的决定，部门领导的评价也就是公司的评价了，而且给你调岗之后经过新部门领导的培训后，你的考试成绩仍然不符合要求，因此，公司决定以不胜任工作解除与你的劳动合同了，不过按照相关规定，公司还是会给予你经济补偿的。

↘ ①员工从事非本职工作不符合要求是否视为不胜任工作
↘ ②如果没有进行调岗或培训，企业是否能够以不胜任为由解

除与员工的劳动合同
- ③部门领导或者公司领导的评价是否可以视为员工不能胜任工作的依据
- ④末位淘汰是否属于不胜任工作

CASE 057　销售目标的变更是否需经员工重新确认

小　刘：经理，不好了，销售部又出事了。

经　理：小刘，你多少跟我经历了这么多case，怎么遇到事情还是手忙脚乱的，别着急，说说什么事。

小　刘：是这样的，刚才Lisa和销售部张经理吵了一架，张经理说Lisa最近这半年已经有三个月销售业绩没有达标了，现在公司正处于关键时期，是不是不想干了什么的。

经　理：看来还真出问题了，Lisa怎么说？

小　刘：Lisa说现在整体市场环境不好大家都是知道的，没能完成指标根本不是她能力的问题，还说如果想以这个理由逼她离职的话，门儿都没有，只要张经理敢开她，她第二天就到仲裁告去。

经　理：给我看看Lisa最近半年的业绩情况。

小　刘：经理您看，她确实在五个月里有三个月没有完成指标，这种情况应该属于不胜任工作吧。

经　理：不要这么着急下结论，你注意到她这半年的业绩目标没有？

小　刘：业绩目标？奇怪啊，后三个月的目标怎么比前三个月的增长了一倍？

经　理：他们销售部有没有与员工确认过新的销售目标？

小　刘：没有这个惯例啊，员工的销售目标只是入职时签过一个确认书，后续发生变化的话，应该就只是由经理给员工发邮件通知了。

经　理：现在你看出什么问题了吗？

小　　刘：您是说销售目标属于劳动合同约定内容的一部分，如果发生变更的话，需要劳动合同双方协商一致，现在新的销售目标没有 Lisa 的确认，因此变更不生效，也就是对员工没有约束力了？

经　　理：没错，其实这个问题可大可小，如果单纯从企业与员工私下协商的角度来说的话，新的销售目标属于既成事实，基本上员工都会认，而一旦双方的争议上升到仲裁或诉讼的阶段，这个时候就需要企业就员工不胜任工作进行充分举证了，一个没有得到员工同意或确认的销售目标，你认为会得到法官的采信吗？

小　　刘：看来不胜任解除还真的没那么简单啊！

经　　理：不光如此，我从头给你捋一捋，就算新的销售目标 Lisa 确认过了，根据咱们员工手册关于销售类岗位不胜任工作的定义，也得是员工单月销售业绩不足目标的 60% 或连续三个月销售业绩不达标，可是 Lisa 的销售业绩根本不属于这两种情形，因此不能说她不胜任工作。

小　　刘：看来咱们是挖了个坑自己跳进去了？

经　　理：话不能这么说，员工手册的制定当然是走了民主程序的，你要是规定任何一个月业绩不达标就属于不胜任的话，职代会也不干啊。况且不光这个问题，就算是员工的情况也符合了员工手册规定的内容，但实际应诉过程中单位如何举证证明员工业绩确实没达标？就拿咱们手上这些打印出来的表格给法官看吗？你觉得如果员工没签字确认，或者当庭不认可咱们这个表的话，法官能只凭这些就相信咱们说的话吗？

小　刘：也是啊，赶上个赖皮，完全可以说这些电子表格是单位捏造出来故意陷害的。

经　理：我要是员工我也不说什么陷害不陷害，反正单位的证据都是电子类表格，也没有我的签字确认，爷就是不认可，看你能拿我怎么样，而且单位也没安排调岗或者培训，就算你安排了我也不配合，到最后肯定是单位证据不足，程序存在瑕疵，因此解除不成立，支付违法解除双倍经济补偿啊！

小　刘：经理您老牛了，跟着您又学了一招！

经　理：套近乎，你小子要是不好好干活偷奸耍滑的话，我照样能拿不胜任开了你信不信？

小　刘：呃，我好好干活还不行吗……

一家之言

依据《劳动合同法》第四十条第（二）项，因员工不胜任工作，经调岗或培训后仍不胜任工作的，用人单位可以提前一个月通知或额外支付一个月工资与员工解除劳动合同；此外，还应当按照《劳动合同法》第四十七条规定的标准按员工的工作年限支付经济补偿。由此可见，此种情形对应的程序相对繁复，且举证较为困难，较之同样需支付经济补偿的协商解除劳动合同而言，企业需要承担较大的法律风险。

之二

员工：这几个月身体不是很好，动了个小手术，一直请病假在家里歇着。可是昨天竟然收到公司以医疗期满不能从事工作为由的解除通知书，太没有人性了吧！我不能上班也不是我的过错啊，这不是身体原因导致我客观上不能上班吗？再说公司也没有对我进行调岗啊，公司做得确实有问题。

人事：您先别激动。我们理解您是因为身体原因不能来上班，但是也请您理解一下公司，您的岗位一直都没人接着做，这样会对公司造成很大的影响。而且公司也会按照相关规定给予你经济补偿的，公司还决定除了经济补偿金以外额外给您6个月的医疗补助费，公司的解除行为是合法的。

↘ ⑤怎样计算医疗期是否已满
↘ ⑥证明不能从事工作必须要经过劳动能力鉴定吗
↘ ⑦只要医疗期满不能从事工作就能解除与员工的劳动合同吗
↘ ⑧医疗期满，员工继续提交病假条，是否应当视为不胜任原工作

CASE 058　假条真伪如何确定

Ada：小丽最近休假好惬意啊！

Hr：　人家休病假呢，惬意什么啊。

Ada：她病了？啥病啊？

Hr：　腰椎间盘不太舒服吧，好像是在理疗，哎呀看我这张嘴，不应该和别人说的，也不知道人家想不想让别人知道，怎么说这也是人家的隐私。

Ada：啊？那她严重吗？

Hr：　人家都请病假了，那就是至少是上不了班吧。

Ada：啊？不对啊？我今天早上还看她在微信朋友圈上晒大海呢。

Hr：　微信朋友圈？有么？我没看见啊，我加了她好友的啊。

Ada：嗯，我给你看啊。哎呀没有了，好像删了。

Hr：　你确定人家发的是今天的照片？

Ada：当然是啊，那个图片底下显示当前位置是在普吉岛啊。

Hr：　不是吧，她说这两天都走不动路，假条都是她邻居来交的。

Ada：邻居？她有老公啊，为啥让邻居来交？

Hr：　呃，你不是想说她们两口子都去普吉岛了吧？

Ada：她假条咋开的？

Hr：　建议理疗，休息一个月。

Ada：咋还有给开一个月的？我们家那边四季青医院最多给开一周，人家大夫说医院纪律严明，不许医生乱开假条。她在哪家医院的哪个科室看的病啊？

Hr：　呃，某某医院，心内科。

Ada：心内科还管看腰椎病呢？

Hr： 啊？那你是说这假条也是假的？

Ada：我没这么说，我这是合理怀疑而已。

Hr： 那是不是应该找医院去核实一下啊？

Ada：谁去核实啊？人家医院接待么？

> **一家之言** 根据原劳动部《企业职工患病或非因工负伤医疗期规定》及实践领域对医疗期的一般理解，医疗期是指企业职工因患病或非因工负伤，需要停止工作休息治疗而企业需维持劳动关系的期间。这段时间内，员工应当处在接受治疗的状态。实践中有时会出现员工提交的假条与自己的真实状态不符的情况，这种情况下，如果企业要求追究员工的相关责任，应当证明员工存在上述情况，并在程序和处理标准上遵循员工手册等规章制度中的相关规定。

之三

员工：今天收到公司的解除通知，理由是公司经营情况发生重大变化，导致我所在的岗位取消了。我很不服气，凭什么我的岗位取消了，其他的岗位还在，我怎么觉得一点都不客观呢？我认为公司这样做侵害了我的利益，公司的解除决定是不能成立的，我不认可公司发生的客观变化，我也不同意公司的解除决定。

人事：您应该知道我们是一家全球企业。所有的人事管理等都是由全球总部决定的，当然您的岗位取消一事，也是由总部综合经营策略部门最终决定的，所以我们也没有办法，请你理解。而且公司也不是没跟你协商过调岗事宜，你不是不同意吗？那你说公司还能怎么办？

↘ ⑨什么叫客观情况发生重大变化
↘ ⑩怎样理解客观性
↘ ⑪企业只要证明客观情况发生重大变化就能直接与员工解除劳动合同吗
↘ ⑫企业依据该条款与员工解除劳动合同应当注意些什么

CASE 059　OFFERLETTER 有怎样的效力

HR：　非常抱歉，上周公司董事会讨论决定，您应聘的岗位取消了，所以我们没有办法录用您到我们公司工作了。

小 李：啊？可我都跟原单位辞职了，你跟我说不用我了，那我上哪儿去啊？

HR：　真的很抱歉，我们也没有预料到这个情况，给您带来的不便希望您能够谅解。

小 李：这怎么谅解啊？我原单位也回不去了啊，交接手续都办完了，社保都停了。

HR：　嗯，我们可以试试帮您联系一下人才中心，看能不能帮助您以个人名义先把社会保险交上。

小 李：这不光是个交社保的事儿啊，而且人才那里是以个人名义缴纳，基数多低啊。

HR：　那要不您看看再跟您原单位谈谈。

小 李：不是，那我这合同都跟你们单位签了，这算什么啊？

HR：　哦，那个还不是劳动合同，那只是一份 offer letter。

小 李：Offer letter 也是书面打出来签字盖章的啊，你们也得认啊。

HR：　我们不是不承认这个 offer letter，而是确实没办法再录用您了。Offer letter 本来不也是一个录用意向嘛。

小 李：这岂止是录用意向啊，这上边薪资、汇报对象、工作时间都写得这么清楚，除了题目不叫"劳动合同"，哪一点儿不是劳动合同的意思啊？

HR：　咱这么说啊，即便签的是劳动合同，劳动关系的建立也是从您正式上班的那天开始。

小　李：那上班之前呢？这个合同就没效力了？

HR：　　这样吧，我们再帮您看看有没有别的岗位需求。

> **一家之言**
>
> 　　用人单位向劳动者发出的录用意向，是一经对方承诺即是双方达成合意的要约，还是在邀请劳动者向自己发出要约的要约邀请？对此，需要视具体情况而定，目前尚无定论。但无论是何种性质，均不是劳动合同，双方亦不受劳动合同法的调整。因此，建立劳动关系所签订的文件应当依据《民法典》处理解决。通常理解为，劳动者收到一家单位的录用意向后即产生期待利益，如其能够证明自己为之进行了充分准备，并且因为单位原因而没有被录取，可以主张其直接损失由单位赔偿。

小　结

↘ ①企业以不胜任工作为由与员工解除劳动合同时，一个前提是要证明员工的工作内容是什么，然后才能够证明员工不符合该工作内容的要求。而这里的工作内容一般指的是员工的本职工作，脱离本职工作以外的工作，理论上不能视为员工的工作，因此也难以不胜任为由而与员工解除劳动合同。

↘ ②《劳动合同法》第四十条规定："有下列情形之一的，用人单位提前三十日以书面形式通知劳动者本人或者额外支付劳动者一个月工资后，可以解除劳动合同……（二）劳动者不能胜任工作，经过培训或者调整工作岗位，仍不能胜任工作的……"由此可见，调岗或培训是企业以不胜任为由与员工解除劳动合同所必经的程序，否则就违反了法律对于不胜任解除的程序性规定，也会因此构成违法解除。但是调岗、培训不需要二者同时具备，具备其中之一即符合法定程序。

↘ ③证明员工不能胜任工作是一个较为复杂的问题，必须具备客观性的要求。部门领导或者其他领导的评价只能作为证人证言，而且还是与公司有利害关系的证人证言，因此如果仅以此作为员工不胜任工作的证明，则是缺乏客观性的，难以被采信。

↘ ④末位淘汰只是员工之间的高低优劣的评比，与员工本身是否胜任工作没有关系，因此不能成为不胜任工作的证明。

↘ ⑤根据《企业职工患病或非因工负伤医疗期规定》，医疗期的长短是结合员工实际参加工作年限以及在本单位的工作年限来计算的，有法定的标准。而判断医疗期是否已满是要看在相应的期间内是否已经累计休满法定的医疗期。上海关于医疗期有特殊的规定：根据上海市人民政府发布的《关于本市劳动者在履行劳动合同期间患病或者非因工负伤的医疗期标准的规定》，医疗期按劳动者在本用人单位的工作年限设置。劳动者在本单位工作第一年，医疗期为3个月；以后工作每满1年，医疗期增加1个月，但不超过24个月。

⑥在北京、广州地区，目前需要企业在行使解除权前为员工进行劳动能力鉴定，企业不能通过员工在医疗期满后继续提交病假条的事实自行推导出员工不能从事原工作的结论而行使解除权。但在上海的实践中，员工在医疗期满后继续提交病假单而无法返回岗位工作的，就被视为医疗期满不能从事原工作，企业即可依法与其解除劳动合同。

⑦《劳动合同法》第四十条规定，"有下列情形之一的，用人单位提前三十日以书面形式通知劳动者本人或者额外支付劳动者一个月工资后，可以解除劳动合同：（一）劳动者患病或者非因工负伤，在规定的医疗期满后不能从事原工作，也不能从事由用人单位另行安排的工作的……"因此，不仅需要证明不能从事原工作，还应当对员工进行调岗，并且证明不能从事新岗位的工作。

⑧《劳动合同法》第四十条规定，员工在医疗期满后，不能从事原工作，也不能从事由用人单位另行安排的工作的，用人单位才能行使解除权。员工在医疗期满后继续提交病假条的行为不能当然地代替用人单位对于员工不能从事工作的举

证义务。

↳ ⑨《劳动合同法》以及《劳动合同法实施条例》中均没有对什么是客观情况发生重大变化进行相关规定。与此相关的唯一解释来自1994年的《劳动部关于〈中华人民共和国劳动法〉若干条文的说明》第二十六条，"客观情况"是指发生不可抗力或出现致使劳动合同全部或部分条款无法履行的其他情况，如企业迁移、被兼并、企业资产转移，等等。

↳ ⑩上述规定对客观情况的解释虽然不尽全面，但是至少从程度上，企业可以进行参考，以此考量企业发生的重大变化是否具有客观性和重大性。

↳ ⑪《劳动合同法》第四十条规定，"有下列情形之一的，用人单位提前三十日以书面形式通知劳动者本人或者额外支付劳动者一个月工资后，可以解除劳动合同……（三）劳动合同订立时所依据的客观情况发生重大变化，致使劳动合同无法履行，经用人单位与劳动者协商，未能就变更劳动合同内容达成协议的"。因此，企业如果依据该条款与员工解除劳动合同，除了要证明客观情况的变化，还应当经过变更劳动合同内容的协商，协商不成的，才能解除劳动合同。

↳ ⑫企业在依据《劳动合同法》第四十条与员工解除劳动合同时，除了要提前一个月通知员工以外，还应当按照法定标准向员工支付解除劳动合同经济补偿金；同时，如果员工存在三期医疗期等特殊情形，还不能依据该第四十条与员工解除劳动合同。

> **温馨提示**
>
> 1. 实践中，很多企业表示能够证明不胜任的依据主要还是领导的评价，那么评价是否一定不能作为依据呢？我们认为如果企业建立了客观完善的考核体系，那么领导的评价可以作为考核的一部分来证明员工是否达标，但是不能作为单独的依据。
>
> 2. 医疗补助费体现在《违反和解除劳动合同的经济补偿办法》中。
>
> 3. 岗位取消是否属于客观情况的重大变化？我们认为，应当具体情况具体分析，主要应当从客观性来考量。

相关规定

CASE 057

《劳动合同法》第三十五条（第一款） 用人单位与劳动者协商一致，可以变更劳动合同约定的内容。变更劳动合同，应当采用书面形式。

CASE 058

《劳动合同法》

第三十六条 用人单位与劳动者协商一致，可以解除劳动合同。

第四十条 有下列情形之一的，用人单位提前三十日以书面形式通知劳动者本人或者额外支付劳动者一个月工资后，可以解除劳动合同：

（一）劳动者患病或者非因工负伤，在规定的医疗期满后不能从事原工作，也不能从事由用人单位另行安排的工作的；

（二）劳动者不能胜任工作，经过培训或者调整工作岗位，仍不能胜任工作的；

（三）劳动合同订立时所依据的客观情况发生重大变化，致使劳动合同无法履行，经用人单位与劳动者协商，未能就变更劳动合同内容达成协议的。

第四十六条 有下列情形之一的，用人单位应当向劳动者支付经济补偿：

（一）劳动者依照本法第三十八条规定解除劳动合同的；

（二）用人单位依照本法第三十六条规定向劳动者提出解除劳

动合同并与劳动者协商一致解除劳动合同的；

（三）用人单位依照本法第四十条规定解除劳动合同的；

（四）用人单位依照本法第四十一条第一款规定解除劳动合同的；

（五）除用人单位维持或者提高劳动合同约定条件续订劳动合同，劳动者不同意续订的情形外，依照本法第四十四条第一项规定终止固定期限劳动合同的；

（六）依照本法第四十四条第四项、第五项规定终止劳动合同的；

（七）法律、行政法规规定的其他情形。

CASE 059

《劳动合同法》

第七条　用人单位自用工之日起即与劳动者建立劳动关系。用人单位应当建立职工名册备查。

第十条　建立劳动关系，应当订立书面劳动合同。

已建立劳动关系，未同时订立书面劳动合同的，应当自用工之日起一个月内订立书面劳动合同。

用人单位与劳动者在用工前订立劳动合同的，劳动关系自用工之日起建立。

轻松一刻

李　雷：老婆，真是没有不透风的墙。上回 Lisa 那事你还记得吧？现在不少同事都知道我背后有高人，有些工作上的事老问我，被需要的感觉还挺不错。

韩梅梅：傻吧你，你可千万别掺和进去啊，别显得你老给人家出主意似的，容易让公司误会你。

李　雷：放心吧，我就是觉得他们问的问题，我可能以后也会遇到，也就是请教你，不会到外面乱说的。对了，今天销售部小林问我一问题我觉得挺有意思的。他说他们经理今天找他谈话，说他不太胜任现在的工作，要给他调岗，不愿意调岗就得参加公司组织的培训，他觉得不对劲，就问到我这了。

韩梅梅：看来他们领导是准备开他了。但你不是还经常给他定出差的酒店机票嘛，说明他不挺勤奋的嘛，怎么还能不胜任工作呢？

李　雷：哎，他运气不好呗。我们公司实行的是末位淘汰制。他勤快是勤快，但也是刚熟悉这摊业务，所以一时半会儿也赶不上他们部门那几个老油条啊。他真挺冤的，虽然一季度业绩完成了，但还是排在最后一个。

韩梅梅：哦，那小林不会有事的。

李　雷：啊？你怎么那么肯定啊？

韩梅梅：你说的啊，他达标了啊，那就不属于不胜任工作。

李　雷：不对啊，光达标不行啊，还有末位淘汰呢。

韩梅梅：你们公司那末位淘汰不合法也不合理，衡量一个人是否胜任工作，是必须要以客观的、固定的标准作为评价依据。对于他而言，只有销售业绩指标这个标准是绝对客观且固定的，因为数字骗不了人，超过了就是超过，没超过就是没超过，也不会说今天超过明天就变成没超过。而末位淘汰制度的不合理性在于，不仅要求员工要符合自己的岗位职责和业绩指标，还要求员工要比别人强。就好比考试，成绩是否及格取决的是分数而不取决于名次，只要过了60分，就算是最后一名不也得算及格嘛。

李　雷：也对，你可以说我比人差，但并不意味着我不胜任我自己的工作。这么一说真是茅塞顿开，名次与绩效指标本就是冰炭不同炉啊。总算踏实了。

韩梅梅：总算踏实了？怎么感觉你是在为自己问的这个问题？我可不踏实了！

李　雷：哪里，我是因为我的求知欲得到满足而踏实。

韩梅梅：我可告诉你啊，咱们可不能仅满足要胜任工作，还要力争上游才行！

李　雷：不是刚才还说末位淘汰不可取吗？

韩梅梅：你就满足于不被淘汰啊，我还等着你去证明对我的爱呢。

李　雷：得妻若此，夫复何求，么么哒。

该放手时要放手

之一

员工：最近真是倒霉,本来要跳槽到一家新公司,谈的都八九不离十了,结果通知我录用了别人。关键是我已经向现公司提交辞职申请了,啊,早知道就不辞职了。我提交的是辞职申请,既然是申请就需要批准呀,可是公司到现在也没有发出批准的材料,那就是可以反悔啊,我明天赶紧收回我的辞职申请。

人事：对不起,公司不能同意你收回辞职申请的意见,因为就你的岗位我们已经找到一个新的人员了,明天就来上班。而且你已经交了辞职申请,就说明辞职已经成立,你是不能反悔的。如果每个员工都像你一样反复无常的,那么公司还怎么管理啊。我们不同意。

↘ ①如果员工没有提前30天通知公司辞职,公司是否可以不同意

↘ ②企业是否有权因员工没有提前通知辞职而要求员工支付

赔偿

↳ ③员工提交邮件或短信辞职是否生效

↳ ④劳动者向企业发出辞职申请,企业尚未批复,劳动者反悔又通知企业撤销辞职申请继续工作,劳动者的辞职行为是否生效

↳ ⑤非因员工本人原因被安排到新单位工作,后员工劳动合同到期终止,是否还能就原单位期间的工作年限要求补偿

↳ ⑥员工辞职时未提前30日通知,用人单位不同意,如何确认劳动关系解除日,用人单位可否主张赔偿

↳ ⑦辞职信是否能用辞职申请形式

CASE 060　何种情况下工龄应当连续算

小　赵： 我要去别的公司了。

HR： 啊？为什么啊？

小　赵： 现在做的这些都没什么挑战了，我想换个环境，换个专业，尝试一下新鲜事物。

HR： 哦，挺好的。

小　赵： 我应该怎么办离职手续？

HR： 提交一份书面的辞职信就可以了，手写的打印的都行，但是你签字的地方还是要手签，用签字笔或者墨水笔都可以，原件。

小　赵： 那补偿金怎么计算呢？

HR： 补偿金？谁给谁的？

小　赵： 当然是公司给我的啊。

HR： 哦，我给你解释一下啊，这个辞职呢，单位是不需要支付经济补偿的，除非你是因为单位克扣你工资或者不给你上社保，或者使用暴力什么的欺负你之类的事情，这个在咱们公司可都没有啊。

小　赵： 哦，我说的不是这个，我辞职当然是自愿的，跟单位没什么关系。我说的是2009年从集团公司转过来的时候，当时没给我支付经济补偿，我2002年就到集团公司了，那段儿有7年呢。

HR： 我查一下啊。你看，你当时是交了辞职信的，主动辞职的话，公司是不支付补偿的。

小　赵： 那是公司让我辞的，又不是我自己要辞的，我要是自己辞的，我怎么还可能给这公司接着干呢？这不矛盾吗？

HR：哦，咱们公司和集团公司在法律上是两个独立的公司，之间没有法律上的关联。

小赵：怎么没有啊？劳动合同法不是有规定么，非因职工本人原因被安排到新单位工作的，工作年限由新单位连续计算的啊。

HR：哦，这个啊，公司没有否认你的工作年限啊，你看你的年假、年终奖不都是按照连续的年资计算的么。

小赵：但是当时是应该支付我们经济补偿的啊，相当于集团公司和我们解除了劳动合同，然后跟子公司建立了新的劳动关系啊。

HR：哦，集团公司解除，那肯定是集团公司向大家支付补偿，不能咱们公司付吧？要不你问一下集团公司？

小赵：我问过集团公司了，集团公司说所有的费用当时都一次性跟子公司结清了，应该由子公司处理。瞧你们这皮球踢的，我们最后找谁去啊？

HR：我给你解释一下这里边的逻辑啊。咱们公司呢，的确连续计算了你的工龄，但是你现在是辞职，所以跟工龄连不连续就没有什么关系了，谈不到补偿。或者这么说，如果你现在是在跟公司协商解除，或者公司要开你，那么才涉及补偿的问题，才会考虑到要怎么计算你的工作年限。

小赵：那公司不是蒙我们吗？当初转到子公司的时候我们都问过补偿金的事，公司说统一转到了新公司，从新公司离职的时候再给啊。

HR：这样吧，您要是实在不接受这个说法，您寻求法律途径解决吧。

> **一家之言**
>
> 依据《劳动合同法实施条例》《最高人民法院关于审理劳动争议案件适用法律若干问题的解释（四）》等规定，员工非因本人原因由原用人单位被安排到新用人单位，没有结算经济补偿的，其在原用人单位的工作年限对应的经济补偿由新用人单位承担。实践中，何谓因用人单位原因安排劳动者变更用人单位，以及因用工主体的变化、工作年限的计算、经济补偿的支付等问题产生的争议屡见不鲜，建议变更前后的用人单位与劳动者对这些容易发生争议的问题提前进行约定，避免事后产生分歧。

CASE 061　员工因个人原因辞职可否不提前30日通知单位

小　宋：我是来递交辞职信的，我找了一家新单位。

HR：　后天就离职啊？时间太短了吧？

小　宋：没办法，那边急缺人手，让我尽快上班。

HR：　那这不符合相关规定啊，你这试用期早过了，要辞职的话，得至少提前30天告知公司啊。

小　宋：我也想再拖几天啊，可是人家那边催得特别急，我总不能刚去就得罪新单位的领导吧？

HR：　那不行，公司各方面都还没有准备，你的工作交接也还没有沟通。你这个安排让我们情何以堪啊。

小　宋：这有啥需要准备的？咱公司每个月都得走个十好几个的，还有啥适应不了的？

HR：　我说的当然不是心理准备。

小　宋：物质准备也用不着啊，社保不用你上了，工资不用你发了。多简单啊！你啥也不用干啊！收封辞职信存个档不就完了嘛。

HR：　我不是说你给我增加负担，你们部门的工作是需要交接的，你得跟你的部门领导商量，看下一步怎么衔接。

小　宋：物质上还是思想上的衔接？

HR：　都有吧。

小　宋：物质上的简单，我手里就只有一台电脑，我今儿就能整理好了还给公司，绝不带走。精神上吧，就算了，我跟我们部门谁都没法沟通，就根本说不到一块儿去，你指东他往西，都没法儿说。

HR： 不是，那你总得有一些手头的事儿需要交代给别人吧，还有一些后续需要跟进的事项是不是也要收个尾？

小 宋： 那好办啊，给我打电话啊，哪件事儿不是电话里就能说清楚的？还非得我天天戳办公室里？

HR： 那我们天天给你打电话，肯定也干扰你在那边的正常工作啊，而且你肯定也不能集中精神处理这边的事，效果肯定是不好。

小 宋： 我这么说吧，我觉得就没什么可交接的，我那点活儿你说我们部门谁不会干？谁干不好？公司这么多年从来没给我升过职加过薪，说明压根儿也看不上我这点工作，有没有我都一样。我早想开了，所以你也想开点吧。

HR： 你这事确实让我们很难办了，你要是坚持马上就走的话，那公司可能要向你要求赔偿了。

小 宋： 赔啥？赔多少？有依据么？有标准么？公司有实际损失么？我少交接了一句话，公司能亏多少钱？

HR： 起码最后一个月工资没法付给你了。

小 宋： 凭什么？按劳分配在这公司没效力是么？我干了活儿了不给我工资？那我要是以这个理由辞职，你们还得倒给我钱呢。

> 一家之言
>
> 依据《劳动合同法》第九十条，劳动者应当提前30日通知用人单位解除劳动合同而未提前30天通知的，应当就因此而给用人单位造成的实际损失承担赔偿责任，但用人单位需对实际损失承担举证责任。如未造成实际损失的，《劳动合同法》并未赋予用人单位向劳动者索要违约金的权利。

CASE 062 "辞职申请"是辞职信吗

小　刘：经理啊，最近公司效益不太好，总是有人辞职啊。

经　理：你不会也要辞职吧？小刘啊，咱们是国企，铁打的营盘流水的兵，我们要对我们的公司有信心，难关马上就会过去的，公司马上就要真的上市了！

小　刘：您放心，不是我，是市场部的一个员工，这不写的辞职申请在这嘛，我觉得没啥问题，跟您汇报一声。

经　理：拿来我看看。

小　刘：这个您就不用看了吧？不都是个人原因辞职么？

经　理：幸亏你跟我说了一声，你看，他的抬头写的是"辞职申请"，而不是"辞职信"或者"辞职报告"，而且他的落款写的是"望领导批准"，这里面你看出门道了吗？

小　刘：经理啊，这有什么不妥吗？网上的辞职信不都是这个格式吗？

经　理：告诉你，听好了，员工辞职依据的是《劳动合同法》里是第37条，法条说的是劳动者提前三十日以书面形式通知用人单位，可以解除劳动合同。这里面用的是通知的概念，而不是申请的概念，因为申请是一方向另一方提出，它需要另一方的确认或同意，而通知则不需要另一方的确认，也就是说无论另一方是否确认或同意，通知都发生了法律效力，而申请则不是。

小　刘：也就是说，员工给咱们写辞职申请的话，单位需要就员工的申请进行答复，是同意还是不同意，如果单位没有任何意思表示，员工的辞职就不成立？

经　理：是这样的，如果今天我没有发现的话，你肯定不会给员工书面答复而是直接办理离职手续了，而法律关系上双方的劳动关系并未解除，员工随时还可以收回自己的辞职申请，要求与单位继续劳动关系。

小　刘：真是太可怕了，要不是您发现及时的话，风险真是很大啊。

经　理：不止这些，今天我就给你普及一下员工签署辞职信时，企业应该注意的问题，除了意思表示应该是辞职信而不是辞职申请之外，还有三个必须注意的问题。一个是员工的离职原因最好统一写成因个人原因，否则其他的任何表述，比如因岗位调整原因等等，都有可能最终被仲裁委或司法机关定义为员工依据劳动合同法第38条被迫离职，到时候企业是需要支付经济补偿的；另一个是辞职信必须要由员工本人亲笔签名，而且签的这个名称必须是他身份证或者护照上的姓名，否则员工耍赖的话我们可吃不消；还有一个是员工的辞职信必须采用书面形式，可以全部手写落款签字，也可以打印出来落款亲自签字，但是一定不要采用电子邮件、传真或者其他形式，因为除了书面形式外，在中国其他形式的文件证明效力普遍偏弱，真要打起官司来，说不准企业会吃闷亏的。

小　刘：没想到一个辞职信居然有这么多门道，以后我一定多注意。

经　理：你这个想法是对的，因为在离职环节中劳资双方的争议最多，双方很容易因为一点鸡毛蒜皮的小事引起矛盾，或是因为在职环节的一些过节当时碍于面子等原因没有显现，但等到两方说拜拜的时候突然爆发，所以在离职环节中经常容易碰到的辞职信问题，就是我们 HR 应该着重注意的。

> **一家之言**
>
> 劳动者依据《劳动合同法》第三十七条作出的单方解除劳动合同的意思表示，劳动者依法单方解除劳动合同，无须用人单位的批复作为解除行为的生效要件，在该意思表示到达用人单位后即发生法律效力，非因重大误解或显失公平等法定情形不得撤销。但劳动者依法行使相应单方通知权利所涉及的文书，仍应尽量不要使用"申请"等有争议的名词。实践中也有劳动者因自己未提前 30 日通知单位而主张自己的通知违法要求撤销辞职信的行为，一般认为是否提前 30 日，是法律赋予用人单位的权利，用人单位认为自己的权利受到侵害后可以提出赔偿，而并非因此造成辞职信未生效或可撤销。

之二

员工：工作五年有余，刚开始工作的一年，公司一直没有为我缴纳社保，虽然早就答应给我补缴，但是至今也未补缴上。现在我也不想在公司做下去了。听朋友说如果公司存在过错，作为劳动者是有权向公司提出解除劳动合同并要求公司支付我经济补偿金的，我明天就向公司人事部门主张被迫辞职。

人事：你别着急啊，这次公司是真的和社保局沟通了，社保局也同意给补缴，估计再过两个月就能补缴上。所以你这个被迫辞职的理由是不存在的，公司只能认可你的辞职，但是不认可被迫辞职。

- ⑧企业拖欠加班费，员工是否可以提出被迫辞职
- ⑨企业缴纳社保基数不实或年限不足，员工是否可以提出被迫解除
- ⑩员工被迫辞职，企业支付经济补偿工作年限的计算是否包括2008年以前的部分
- ⑪内退员工与新的单位建立劳动关系，但是由于原单位社保没有停缴导致新的用人单位无法为其缴纳社会保险，员工能否主张被迫解除
- ⑫企业未与员工签订劳动合同亦未支付双倍工资，员工能否提出被迫解除

CASE 063 "被迫辞职"的经济补偿包括2008年前的部分吗

J：Adam，我有一同学在一小公司上班，最近公司不知道什么情况，总是拖欠他们加班费。

A：他要提被迫解除？

J：对，他大概是这个意思，他也不懂这些专业的术语。

A：反正就是一直拖加班费，他活不下去了呗。

J：哈哈！就是这样，他就问我能要多少钱。

A：哦，就正常的经济补偿金啊。

J：那需要跟2008年之前的分段计算吗？

A：不需要，因为2008年之前的不用算。

J：啊？

A：是啊，2008年之前没有这样的规定，这是《劳动合同法》的创新。

> 一家之言
>
> 法不溯及既往是法律效力的基本原则之一，因此，法律实践中经常遇到很多新旧法律的效力衔接问题，一般旧法未有规定而新法有所规定的情况比较容易处理，只按新法规定处理新法生效期间的问题即可；但新旧法律都有所规定的问题一般就会产生很多争议，需要参考司法实践的惯例。

CASE 064 未签合同是否属于"被迫辞职"的法定理由

小　王：Nancy，我在我们公司都工作一年多了，公司怎么也不跟我签合同啊！

N：是嘛？那你们公司做得不对啊，按照法律要求应该签书面合同的。

小　王：是吧，我就觉得在这儿工作太没安全感了，我准备辞职找别的工作去。

N：你不跟单位要赔偿么？

小　王：得要啊，不能就这么不明不白地走了。

N：嗯，自己的合法权益还是应当靠自己争取的！

小　王：对，明天我就去找HR理论一下，话说我听说有个被迫解除？我这种情况应该算被迫解除吧，公司应该给我经济补偿和双倍的工资才对！

N：呃，还真不算。你这个情况是有两倍工资的赔偿规定，但是并不属于被迫解除的情况。

小　王：是嘛？！那什么算被迫解除啊？

N：就是未及时足额支付劳动报酬，未依法缴纳社会保险之类的。

小　王：哦，那我要是辞职只能要两倍工资吗？

N：对，不过你不辞职也可以要两倍工资的，这个是未签订劳动合同的赔偿责任，和你辞职或不辞职没有关系。

小　王：原来是这样，嗯！明天就去找HR谈去。

> **一家之言**
>
> 依据《劳动合同法》第三十八条的规定，劳动者可以在出现诸如"单位未及时足额支付劳动报酬""单位未按照劳动合同约定提供劳动条件"等情形时，向用人单位提出解除并获得经济补偿，俗称"被迫解除"，即因用人单位的特定过错而导致劳动者单方提出解除。这些特定过错并不包括未签订劳动合同的情形。未签订劳动合同作为用人单位的另一种过错而需用人单位承担的法律责任，规定在《劳动合同法》第八十二条及《劳动合同法实施条例》第六条、第七条中。

小　结

↳ ①《劳动合同法》第三十七条规定："劳动者提前三十日以书面形式通知用人单位，可以解除劳动合同。"显然关于劳动者辞职需提前30日提出的规定，是为了保护用人单位的用工权益。但是在相关法规规定中，对于员工未提前通知的辞职是没有任何罚则的。也就是说，即使员工没有提前通知，企业难以因此不同意员工的辞职。更何况辞职是一种单方行为，一旦通知到单位，无论单位同意与否就会发生效力。

↳ ②在员工辞职的过程中，如因员工工作交接未完成等原因造成单位经济损失的，单位有权依据《劳动合同法》第九十条的规定，要求劳动者承担赔偿责任。

↳ ③员工提交邮件或短信辞职是企业用工管理中经常遇到的问题，主要涉及电子证据的效力问题，单纯以电子材料作为证据还是会产生相应的法律风险。为了避免后续风险和纠纷，建议企业可以利用公证等手段将电子证据固化。

↳ ④辞职从性质上看应属于形成权，行使形成权的单方意思表示到达相对人时，即产生法律效力。因此，员工的辞职书只要送达至单位，无须单位批复作为辞职行为的生效要件，辞职行为即已成立。员工的辞职申请到达单位时即发生法律效力，而员工此后想单方发出撤销通知，必须经单位的同意方能发生法律效力。

↳ ⑤《最高人民法院关于审理劳动争议案件适用法律若干问题

的解释（四）》第五条规定，员工非因本人原因由原用人单位被安排到新用人单位，原用人单位未支付经济补偿，新用人单位与员工终止劳动合同时，其在原用人单位的工作年限对应的经济补偿由新用人单位一并支付。

⑥辞职属于形成权，无论用人单位是否同意员工辞职，只要员工辞职书到达用人单位，该辞职即发生法律效力。除非员工因个人原因给用人单位造成经济损失，否则用人单位不能因员工辞职向员工主张赔偿。

⑦如员工辞职信使用"辞职申请，请公司批准"类似的表述，容易产生该申请是否需要公司同意才能生效的争议，因此，建议采用辞职信、辞职通知这样明确单方通知的表述。

⑧《劳动合同法》第三十八条规定："用人单位有下列情形之一的，劳动者可以解除劳动合同……（二）未及时足额支付劳动报酬的；（三）未依法为劳动者缴纳社会保险费的……"上述的劳动报酬包括各种类型的工资，当然包括加班费。

⑨未缴纳社会保险费，属于未依法缴纳。员工有权主张被迫解除并主张经济补偿。

⑩《劳动合同法》第九十七条第三款规定，"本法施行之日存续的劳动合同在本法施行后解除或者终止，依照本法第四十六条规定应当支付经济补偿的，经济补偿年限自本法施行之日起计算；本法施行前按照当时有关规定，用人单位应当向劳动者支付经济补偿的，按照当时有关规定执行"。员工提出被迫解除企业应当支付经济补偿金的情形最早出现在

2001年《最高人民法院关于审理劳动争议案件适用法律若干意见的解释》中，后在2008年《劳动合同法》中又重新进行了规定，但二者规定的内容不尽相同，因此各地法院在审判实践中对于员工被迫辞职企业支付经济补偿年限的计算期间是否应当包括2008年之前的部分裁判不一。

⑪内退员工与原用人单位的劳动关系并未结束，因此，原单位一般不会停缴该员工的社保，这就导致新的用人单位无法为其缴纳社会保险。因为新用人单位无法缴纳社会保险不存在主观过错，而是客观原因导致的，所以员工以此为由提出解除劳动合同并要求经济补偿金，是不成立的。

⑫企业未与员工签订劳动合同亦未支付双倍工资，员工依据《劳动合同法》第三十八条主张因公司未及时足额支付劳动报酬（应签未签劳动合同的二倍工资）而提出解除劳动合同并要求支付经济补偿金的，由于未签订劳动合同的二倍工资是法律对于用人单位的惩罚，不属于第三十八条的情形，因而不应得到双重支持。

温馨提示

回到开篇的问题，为了避免后续的纠纷或者其他不确定性，我们建议，如果可能，在员工提交辞职的时候要求员工采用辞职书、辞职通知等带有单方意思表示的词汇。虽然用人单位同意给员工缴纳社会保险，但是如果缴纳成功的时间发生在员工提出被迫辞职的时间之后，用人单位仍然存在支付经济补偿金的风险。

相关规定

CASE 060

《劳动合同法实施条例》

第十条 劳动者非因本人原因从原用人单位被安排到新用人单位工作的,劳动者在原用人单位的工作年限合并计算为新用人单位的工作年限。原用人单位已经向劳动者支付经济补偿的,新用人单位在依法解除、终止劳动合同计算支付经济补偿的工作年限时,不再计算劳动者在原用人单位的工作年限。

《最高人民法院关于审理劳动争议案件适用法律若干问题的解释(四)》

第五条(第二款) 用人单位符合下列情形之一的,应当认定属于"劳动者非因本人原因从原用人单位被安排到新用人单位工作":

(一)劳动者仍在原工作场所、工作岗位工作,劳动合同主体由原用人单位变更为新用人单位;

(二)用人单位以组织委派或任命形式对劳动者进行工作调动;

(三)因用人单位合并、分立等原因导致劳动者工作调动;

(四)用人单位及其关联企业与劳动者轮流订立劳动合同;

(五)其他合理情形。

CASE 061

《劳动合同法》

第三十七条 劳动者提前三十日以书面形式通知用人单位,可以解除劳动合同。劳动者在试用期内提前三日通知用人单位,可以解除劳动合同。

第三十八条　用人单位有下列情形之一的，劳动者可以解除劳动合同：

（一）未按照劳动合同约定提供劳动保护或者劳动条件的；

（二）未及时足额支付劳动报酬的；

（三）未依法为劳动者缴纳社会保险费的；

（四）用人单位的规章制度违反法律、法规的规定，损害劳动者权益的；

（五）因本法第二十六条第一款规定的情形致使劳动合同无效的；

（六）法律、行政法规规定劳动者可以解除劳动合同的其他情形。

用人单位以暴力、威胁或者非法限制人身自由的手段强迫劳动者劳动的，或者用人单位违章指挥、强令冒险作业危及劳动者人身安全的，劳动者可以立即解除劳动合同，不需事先告知用人单位。

第九十条　劳动者违反本法规定解除劳动合同，或者违反劳动合同中约定的保密义务或者竞业限制，给用人单位造成损失的，应当承担赔偿责任。

《劳动法》

第一百零二条　劳动者违反本法规定的条件解除劳动合同或者违反劳动合同中约定的保密事项，对用人单位造成经济损失的，应当依法承担赔偿责任。

CASE 062

《劳动合同法》

第三十七条　（具体内容参见 CASE 061）

CASE 063

《劳动合同法》

第三十八条 （具体内容参见 CASE 061）

第九十七条 本法施行前已依法订立且在本法施行之日存续的劳动合同，继续履行；本法第十四条第二款第三项规定连续订立固定期限劳动合同的次数，自本法施行后续订固定期限劳动合同时开始计算。

本法施行前已建立劳动关系，尚未订立书面劳动合同的，应当自本法施行之日起一个月内订立。

本法施行之日存续的劳动合同在本法施行后解除或者终止，依照本法第四十六条规定应当支付经济补偿的，经济补偿年限自本法施行之日起计算；本法施行前按照当时有关规定，用人单位应当向劳动者支付经济补偿的，按照当时有关规定执行。

CASE 064

《劳动合同法》

第三十八条 （具体内容参见 CASE 061）。

第八十二条（第一款） 用人单位自用工之日起超过一个月不满一年未与劳动者订立书面劳动合同的，应当向劳动者每月支付二倍的工资。

《劳动合同法实施条例》

第六条 用人单位自用工之日起超过一个月不满一年未与劳动者订立书面劳动合同的，应当依照劳动合同法第八十二条的规定向劳动者每月支付两倍的工资，并与劳动者补订书面劳动合同；劳动者不与用人单位订立书面劳动合同的，用人单位应当书面通知劳动者终止劳动关系，并依照劳动合同法第四十七条的规定支付经济补偿。

前款规定的用人单位向劳动者每月支付两倍工资的起算时间为用工之日起满一个月的次日，截止时间为补订书面劳动合同的前一日。

第七条 用人单位自用工之日起满一年未与劳动者订立书面劳动合同的，自用工之日起满一个月的次日至满一年的前一日应当依照劳动合同法第八十二条的规定向劳动者每月支付两倍的工资，并视为自用工之日起满一年的当日已经与劳动者订立无固定期限劳动合同，应当立即与劳动者补订书面劳动合同。

轻松一刻

李　雷：老婆，今天中午我在食堂又碰见小林了。

韩梅梅：你可别充当你们公司失意者联盟的狗头军师啊，传扬出去不好。

李　雷：小林说他领导给他下了一个不胜任工作的结论，洋洋洒洒满篇的评价。可把小林给吓坏了，说这回肯定完了。

韩梅梅：他没和你说结论里的大致内容吗？

李　雷：吓得语无伦次的，里面写了什么工作不注意方式方法啊，和客户沟通有障碍啊，态度不端正啊什么的。

韩梅梅：怎么有种欲加之罪何患无辞的感觉……

李　雷：你说得轻巧，那可是他们主管领导作的结论，上面还有HR和副总裁的轮签呢。

韩梅梅：没文化真可怕。我问你，一个人有罪没罪是事实和法律说了算，还是人说了算？

李　雷：当然是人……不对不对，是事实和法律说了算。咱们可是法治社会啊。

韩梅梅：那好我再问你，事实是靠嘴说还是靠证据证明？

李　雷：靠证据证明。但这结论不就是证据吗？

韩梅梅：首先这结论是单方作出的，仅仅是一家之言，本身就可能失之客观；其次，即便真实情况确如结论所陈述的那样，但也几乎不太可能收集到有力的证据，因此很难证明结论里所陈述事实的真实性；再者，由于是由公司内部人作出的，和证人证言一样都会因为利害关系的原因导致在客观性上存有缺陷。所以即便这份结论作为证据出示给法院，也几乎是不可能被采信的。

李　雷：可是这么多领导都轮签、认可了这个结论，难道就没有什么作用吗？

韩梅梅：在人治社会，众口可以铄金，但现在什么都讲求事实和证据，悠悠众口可就没有那么大作用了。

李　雷：也是啊，如果这种结论都会被采信，那岂不随随便便就能炒人鱿鱼啊。

韩梅梅：对啊，那还要我们 HR 干什么呀，规范操作的意义何在呢。话说回来，你们公司 HR 也不管管，由着用人部门瞎折腾。再这么下去，非出几起劳动争议纠纷不可。

李　雷：老婆，其实你无意间已经帮我们公司避免好几起争议纠纷了，别的事靠证据不靠嘴说，但你的嘴就是真理啊。

韩梅梅：别给我戴高帽，你以为你们公司那些破事儿我愿意管啊，要是你们公司老被这些事弄得人心惶惶，不也会影响到你吗。

四

其他问题也是事儿
QITA WENTI YESHI SHIR

送达之路不平坦

员工：最近和公司发生劳动争议，朋友教我无论公司让我签署什么材料，我一概不予理睬。这不，昨天公司给我邮寄严重违纪解除通知书，被我毅然决然地拒收了。哼！看公司能拿我怎么着。

人事：其实您没有必要这么极端，公司向您邮寄材料，您接收不代表您一定是同意材料的内容，而且公司在EMS的封面上已经明确把相关内容都写明了，所以即使您拒收也视为公司送达成立了。

- ①企业能否不经过邮寄送达，直接进行公告送达
- ②企业向员工邮寄材料，员工本人未签收，而是由近亲属或朋友代收的，是否视为企业送达成立
- ③邮寄送达解除通知书是以通知书中的解除日期、落款日期、邮寄日期，还是收到日期为准
- ④员工签收了企业邮寄的送达材料，是否意味着员工认可了该材料内容
- ⑤向员工发出EMS"违纪通知书"，是否只要员工签收了EMS，就表示员工认可了通知的内容

CASE 065　签收了邮件可否视为认可了其中的内容

小　韩： 老公，今天有你一个快递，我帮你签收啦。

老　公： 是什么东西啊？我不记得我最近上过淘宝啊。

小　韩： 是个文件，快打开看看。

老　公： 违纪通知书！我啥时候违纪了啊！你咋连看都不看就签收了呢！这下完了，这不就表示我默认了嘛！我要是被开除了都没地方申冤去了啊……

小　韩： 别一惊一乍的行不？多大点事儿啊，没听说过签收个通知书就算默认的，那你签淘宝快递的时候要是有质量问题也代表你默认接受了？那咱要求退换合着一直是无理取闹了？放心吧！哪个法院都不能这么认定！！

> **一家之言**
>
> 通知是一个单方法律行为，依据《民法典》单方法律行为依单方意思表示即可发生法律效力，无须对方同意，对方确认接到该通知所产生的法律意义是使得前述"通知"这一行为非因相关规定或接收方同意而不得撤销。因此，小韩签收 EMS 快递的通知书，只能代表其老公收到了该通知，并不代表他们认可了通知中的内容。

CASE 066　返岗通知有什么作用

J：Adam！Sales 说有个员工旷工好几天没来了，让咱们协助出具返岗通知书。

A：可以出，但估计意义不大。

J：为啥呢？你是说员工根本就不会搭理咱们这个通知？

A：一方面是这样，另一方面他们部门肯定也已经预料到这人不会回来，所以发完这个过不了两天就得让咱们发解除通知。

J：哦，你考虑的果然比较远！那你的意思是这个返岗通知书对解除没有意义？

A：对啊，人家签收了这个返岗通知书，只能证明人家收到了咱们返岗的要求。

J：不能证明旷工？

A：咱们之前那些严重违纪解除的你都忘啦？那证据要求多严格啊，上次咱们请那律师给培训时不也是这么说嘛，都得环环相扣。

J：哦，想起来了。还举了个例子呢！说有个公司用特快专递给员工发了一个"违纪通知书"，员工签收了，他们就觉得员工对自己的违纪行为都认可了，那理应按照公司的规章制度解除。

A：嗯，看来培训效果还不错啊。

J：结果是后来他们就被员工告了，员工不仅说签收并不代表对违纪行为的认可，甚至对公司规章制度的合理性、合法性都提出质疑。他们公司那个规章制度也是够可以的，一个芝麻大的事儿，又罚款又要解除，也难怪仲裁员劝他们调解。

A：嗯，咱先不评论人家的规章制度了，先关注咱们眼前的这个事儿吧！

J: 也就是说，咱们证明旷工还得从咱们自己的制度入手。

A: 没错！但是他们部门不作考勤。

J: 啊？

A: 嗯，各种原因导致的吧。

J: 那他们每个月都会给咱们报记录啊。

A: 那不是为了算工资用的嘛，每月报表也是稀里糊涂的。

J: 那咱们从发了返岗通知书之后开始算旷工也不行么？

A: 你最近开窍了嘛。这个倒是可以，但这不意味着公司可以没有考勤，不做考勤哪来旷工。他们部门的人又经常不在办公室，人家完全可以说是去拓展客户了。

J: 那还真是挺难办的。

一家之言

根据《民事诉讼法》对于民事送达的定义，"送达"是指人民法院依照相关规定的程序和方式，将诉讼文书送交当事人或者其他诉讼参与人的行为，是人民法院单方实施的诉讼行为。普通的民事主体之间的送达也应被视为单方法律行为，即另一方的意思表示并不影响该行为成立的法律效力，此时的签收仅意味着知悉，而并非同意。

关于普通民事主体之间的相互送达，并没有严格的规定要求，除非当事双方于合同中约定了送达方式，才可以按照约定的方式操作。没有约定的，可以参考人民法院进行司法送达的方式，但应当尽量选择能够留有凭证的送达方式。

小 结

- ①《民事诉讼法》第九十五条第一款规定,"受送达人下落不明,或者用本节规定的其他方式无法送达的,公告送达。自发出公告之日起,经过三十日,即视为送达"。由于劳动法相关法律法规并无单独的送达规定,因此也适用上述规定。

- ②企业向员工邮寄材料,员工本人未签收,而是由近亲属或朋友代收的,如果不能证明签收人为同住成年家属且员工不认可收到的,可能导致送达不成立。

- ③送达的目的是告知,因此向员工进行送达以员工收到的日期,也就是员工知道的日期为准。在邮寄送达中理论上应以员工收到的日期为准,但是实践中确实存在特殊情况,如果因客观原因或第三方原因甚至员工的原因导致无法送达的,那么就应具体情况具体分析了。

- ④针对员工签收了企业邮寄的送达材料的情况,如果员工仅作出签收,那么仅能代表员工收到该材料,不代表员工认可材料中的内容。

- ⑤员工签收企业邮寄的"违纪通知书"只能证明员工收到该通知书,不一定代表员工认可违纪的内容或者处罚得合法。企业仍需就相关劳动纪律和员工存在违纪行为进行举证。

> **温馨提示**
>
> 回到开篇的小案例，由于企业已经在邮寄的封面上明确写明了邮寄材料的内容，那么此时员工即使拒收，也视为员工已经看到了邮寄材料内容，因而是可以视为企业送达成立的。但是需要注意的是，企业还应在封面上注明员工本人签收字样，以免他人代领或代收。

相关规定

CASE 065

《民事诉讼法》

第八十七条 送达诉讼文书必须有送达回证,由受送达人在送达回证上记明收到日期,签名或者盖章。

受送达人在送达回证上的签收日期为送达日期。

第八十八条 送达诉讼文书,应当直接送交受送达人。受送达人是公民的,本人不在交他的同住成年家属签收;受送达人是法人或者其他组织的,应当由法人的法定代表人、其他组织的主要负责人或者该法人、组织负责收件的人签收;受送达人有诉讼代理人的,可以送交其代理人签收;受送达人已向人民法院指定代收人的,送交代收人签收。

受送达人的同住成年家属,法人或者其他组织的负责收件的人,诉讼代理人或者代收人在送达回证上签收的日期为送达日期。

第九十条 经受送达人同意,人民法院可以采用能够确认其收悉的方式送达诉讼文书……

采用前款方式送达的,以送达信息到达受送达人特定系统的日期为送达日期。

CASE 066

《民事诉讼法》

第九十一条 直接送达诉讼文书有困难的,可以委托其他人民法院代为送达,或者邮寄送达。邮寄送达的,以回执上注明的收件日期为送达日期。

第九十五条（第一款） 受送达人下落不明，或者用本节规定的其他方式无法送达的，公告送达。自发出公告之日起，经过三十日，即视为送达。

轻松一刻

韩梅梅：你们公司小林那事还有下文吗？

李　雷：真是福兮祸所伏。前天总部来人做反贿赂调查，结果你猜怎么着？他们部门从经理到那几个老油条，全被查出来有给客户回扣的事。这不，今天全离职了。就小林没事。

韩梅梅：哦，那小林这回要独挑大梁了吧？

李　雷：可不嘛！小林因为坚持原则，不搞这些台面底下的事，当时虽然勤奋也只能排在末位，饭碗都差点保不住。所以他特别感谢咱俩，说要没有你，可能也等不到这次晋升机会。也看出来一个好的 HR 对一个公司的规范操作和企业文化建设有多么大的影响，真的能激浊扬清啊。

韩梅梅：还是人家自己行的端，做得正。哼，不给回扣，不和他们同流合污，那份结论里面还能有什么好话。现在这份结论墨迹未干，这些人就全拜拜了，真是天道昭彰，报应不爽啊。所以说，干 HR 这行干久了，鼻子可灵着呢。你要是敢在外面偷腥我不用看就知道！

李　雷：哎，说到偷腥，又有爆炸性新闻。Lisa 和我……

韩梅梅：什么？！

李　雷：你让我把话说完啊。Lisa 和我们公司的家具供应商串通好，抬高价格收取回扣，这回也被查出来了！

韩梅梅：啊？你以后说话可别再大喘气了。居然还使用了比喻这种修辞方法，文化水平进步很快啊。

李　雷：刚才都快被你唬得没气了……今天公司找我谈话了，让我顶替 Lisa 主持部门工作。喏，新的岗位协议。

韩梅梅：你行吗，你们公司领导胆子也够大的。没准你比 Lisa 胃口还大呢。我建议你和 HR 他们说，把岗位协议换成劳动合同变更书，这种操作更规范。你之前签的岗位协议还没有明确作废呢，如果这回签的还是岗位协议，不就有身兼两个岗位的问题了吗。鉴于你现在这种情况属于岗位调整，所以应该用劳动合同变更书的形式来处理。不同的情况必须使用不同类型的文书。如果你还是身兼两个岗位，你们公司恐怕要发你两份工资呢。

李　雷：看似这么细枝末节的操作，原来还能引起这么大相径庭的后果啊。不过干吗提醒他们呀，这事对我只有好处可没坏处呢。

韩梅梅：这就是我恭喜你晋升的礼物，不该占的便宜咱们绝不占。Lisa 和销售部的那些人就是你的前车之鉴。我的李大经理，你准备从哪方面开始着手你们部门的工作啊？

李　雷：给前台和秘书们拍照录像，抓好着装尺度问题……

韩梅梅：哼，面对不当得利要出淤泥而不染，遇见前台只可远观而不可亵玩。

竞业限制困与惑

员工：从公司离职后,我天南海北地旅游可玩 high 了,但也不能一直玩下去,是时候再找份工作了,还干我的老本行吧。突然想起和前公司签过一份竞业限制协议,但离职的时候公司也没说解除或不解除,也没有给我钱,我还要不要受到竞业限制呢?

人事:好久不见啦,听说你近两个月一直在外面玩,真羡慕,提到竞业限制,你看协议中明确说了如果公司不向你支付经济补偿金,意味着你无须再履行竞业限制义务啦,所以你可以随便找下份工作啦。

- ①如劳动关系结束后企业不再要求员工履行竞业限制义务,是否需要告知员工解除该义务
- ②企业是否有权单方解除竞业限制协议
- ③竞业限制义务与保密义务有什么区别
- ④仅约定竞业限制义务,却没有约定支付补偿金,企业是否有支付经济补偿的义务
- ⑤用人单位不支付竞业限制补偿金,劳动者可否不履行竞业限制义务
- ⑥与员工签订保密协议是否能够约定补偿

CASE 067　与员工约定保密义务是否需支付相应费用

HR： 李工，考虑到您是 IT 部门承担公司薪酬管理系统项目的工程师，工作中接触到的公司的内部信息非常多，所以您需要与公司签署一份保密协议。

老 李： 这个内容在我的劳动合同里不是有么？

HR： 劳动合同里只是一个简单的保密条款，那是适用于公司所有职员的一般条款，您这个岗位还是特殊一些的。

老 李： 怎么特殊了？

HR： 您工作中接触到的员工的薪资构架和标准等等，都是公司的核心机密。

老 李： 核心机密和其他信息在保密上有什么不同要求？

HR： 就是说您需要更谨慎一些。

老 李： 怎么谨慎？

HR： 比如您不要群发载有相关信息的邮件，不要通过微信、微博等方式和朋友圈的人讨论，不要……

老 李： 那非核心信息可以在圈儿里讨论？

HR： 当然也不能。

老 李： 那没看出来两者有什么区别啊。我在劳动合同里都已经签了保密义务条款，干吗还老签啊？

HR： 李工，您看这个协议里也没有什么特别特殊的内容，都是一些固定条款，签了对您又没有什么坏处。

老 李： 你都说了没有特殊内容了，你们不能今天让我签一份文件，明天又签一份，谁知道我这字一签上去，会产生什么后果。

竞业限制困与惑

HR： 李工，这是咱们公司的要求，您也理解一下我们的工作，否则公司没法安排您在这个岗位上工作。

老 李： 那就是说我不签就不让我干活儿呗，你看这上边第一句就是双方自愿平等协商，你们这哪是自愿？哪儿有平等？

HR： 您不能这么理解，毕竟公司聘用您在这个岗位上，还是对您的胜任力十分认可的，公司在这个岗位上安排人选，是十分慎重的。

老 李： 那你解释一下这个违约金是怎么回事？

HR： 那是违反保密义务的违约金，只要您不违反，就不会发生违约金。

老 李： 那有些因素不是我能控制的啊。

HR： 这上边不是也写了么，只有因为您个人的过错，才承担违约责任。

老 李： 那公司会为这个付给我保密费么？

HR： 这个，在您的工资里已经包含了。

老 李： 工资？多少钱啊？我工资条上没写哪一部分是保密费。

HR： 其实保密呢，是您的法定义务，即便公司没有这个要求，您也是要承担保密义务的。

老 李： 那法律都规定了，还签什么协议啊，都按法律来呗。

一家之言

依据《中华人民共和国刑法》第二百一十九条，侵犯商业秘密的行为情节严重的，应当承担刑事责任。根据《劳动合同法》第二十三条的规定，用人单位仅要求劳动者承担保密义务，但不要求劳动者承担竞业限制义务的，劳动合同双方可以在公平对等的前提下，协商确定相应的内容。而用人单位要求劳动者承担竞业限制义务的，应当在竞业限制期间向劳动者支付相应补偿，但用人单位要求劳动者履行竞业限制义务，却又不支付补偿，如果劳动者实际履行了竞业限制义务，则其有权要求用人单位支付经济补偿。

CASE 068　因培训而约定的服务期限可否与劳动合同期限不一致

HR：　您的辞职申请没有获得公司批准。

小　王：为什么？

HR：　您没有为公司服务满 3 年。

小　王：3 年？我劳动合同签的是 1 年啊？

HR：　您还与公司签订了培训协议，协议里约定了 3 年的服务期限，您现在的服务还没有满 3 年。

小　王：那这意思是还不让我走了？

HR：　不是这个意思，如果您要求提前结束劳动关系，是需要向公司支付违约金的。

小　王：那原来那个 1 年的劳动合同还有什么意义啊？

HR：　您现在其实连 1 年也没满。

小　王：是没满一年啊，但依据相关规定我可以提前通知单位解除劳动关系，没有要求我必须待满 1 年啊！

HR：　你看，还跟你说不清楚了，你的劳动合同是 1 年，这个没错，如果你只签了这个合同呢，你随时可以走。但是你不是还签了培训协议嘛，培训协议里您承诺了服务满 3 年。

小　王：那这个 3 年和那个 1 年是什么关系？算劳动合同续签？

HR：　哦，这个，算是变更了吧。

小　王：那就是原来那个 1 年的作废了？那哪天公司要是不想要我了，是不是也不能按那个一年的期限，是不是也要满了 3 年才能开我？

HR：　呃，那个不是您承诺公司的服务年限嘛。

小　王：那就是我承诺了公司，但是公司不承诺我，你觉得这个公平么？

HR：您看你这协议都是您本人签的，签之前您也进行了充分的阅读和理解。公司也不是不同意您离职，但是您需要支付协议约定的费用。

小　王：那不对啊，这好歹是个协议，协议的话，双方都得有点义务吧？既然是培训协议，那公司是不是起码得给我提供培训？公司都给我提供什么培训了？

HR：公司随时都在给您提供培训啊，每一种新产品咱们不是都有内训么？还有您入职时的入职企业文化培训，咱们的军训、拓展培训，挺多的啊。

小　王：那不就是咱公司自己攒几个人开开会嘛，那也能叫培训？

HR：那当然是培训啊。培训的形式是多种多样的，不能局限于以前的那种传统授课模式，那样的模式已经不适应现在市场的需求了。

小　王：不是，你说的这些培训，那不是每个人都要参加的嘛，也不是什么特殊待遇啊，凭什么就针对我啊？

HR：不是针对您，咱们每一位同事都是要签这个协议的。

小　王：那就是说每个人都要承诺服务满3年？那就是每个人原来的劳动合同期限都没有意义？每一个人不到3年都得向公司交钱才能走？你觉得这个说法合适么？

HR：但是公司的确给您培训了啊，如果公司什么都不教您，您不可能像现在进步这么快啊。

小　王：成，那麻烦你提供一下单据。

HR：什么单据？

小　王：公司为我提供的这些培训一共值多少钱。

> **一家之言**
>
> 　　依据《劳动合同法实施条例》第十七条，用人单位与劳动者所签订的培训协议中约定的服务期对双方具有约束力，如果其与劳动合同期限不完全一致，则有可能被认为是对已经签署的劳动合同期限形成变更，甚至是形成劳动合同的续订。为避免双方在合同期限方面产生分歧与争议，用人单位可以在与劳动者约定培训及服务期等相关事项时，结合原有劳动合同的期限一并考虑，并对期限的衔接与变更等事项做尽量充分的预见。
> 　　依据《劳动合同法》第二十二条，只有专项培训或专业技术培训，才会涉及服务期限以及员工违反服务期限的违约责任，并非所有的培训都会产生上述问题。而且企业要求员工支付违反服务期限的违约金，是要提供培训费用的专项支出明细的。

CASE 069 哪些员工可以约定竞业限制

小　吴：我来跟大家告别。

HR：　新单位找好啦？上哪儿了？

小　吴：AAA 汽车公司。

HR：　啊？那不是跟咱们同一个行当么？

小　吴：他们好像是生产汽车的吧，咱们是卖车的，这不算太一样吧？

HR：　只要跟汽车有关我们就有相关性啊。你可是跟公司签了竞业禁止协议的，不能去咱们的竞争对手那儿工作。

小　吴：啊？太复杂了吧？协议上也没解释啥是竞争对手啊，你们也没列出来不能去的公司的名单，让我们自己猜哪成啊？我不能每找一份工作都回来问一下你们乐不乐意吧？

HR：　这不需要问啊，多好理解啊。这家公司带"汽车"两个字，肯定跟咱们是有竞争关系的啊。

小　吴：卖车的跟造车的算竞争关系？人家不给你生产，你拿什么卖啊？

HR：　反正你肯定是不能去这个单位。

小　吴：那你的意思是，只要是跟汽车有关的公司，我就都不能去了？

HR：　必须是这个意思啊。

小　吴：那我怎么找工作啊？

HR：　其实你这段时间是不需要找工作的，公司不都给你竞业限制的补偿了么？

小　吴：那也只有我原来工资的三分之一啊，我原来工资就不够花

竞业限制困与惑

的，现在连租房的钱都不够了。

HR： 那么多跟汽车没关系的单位，你只要用心找，必然能找着。

小　吴： 不是，我就不明白了，为什么不能去竞争公司啊？

HR： 这是对我们公司商业秘密的保护啊。

小　吴： 那我不去，就能保护了？我有这么大影响力？

HR： 公司主要还是担心员工离开之后把相关的商业信息带到新公司去。

小　吴： 我能把啥带到新公司啊？我就一操作洗车房的，来一辆洗一辆，就能看见个车外壳，而且我还色盲，我上哪儿知道公司那么多秘密去啊？

> **一家之言**
>
> 依据《劳动合同法》第二十四条，用人单位可以要求承担竞业限制义务的人员范围限于用人单位的高级管理人员、高级技术人员和其他负有保密义务的人员。即如员工非前述范围内的人员，用人单位不区分岗位和职级，一律与职工约定竞业限制，这不符合竞业限制义务设置的目的与功能，亦有可能被认为是一种限制劳动者就业权利的行为。

小 结

↳ ①劳动关系结束后，企业如不再要求员工履行竞业限制义务的，需要履行告知解除义务；否则只要劳动者自觉履行了义务，企业还是有支付补偿义务的。

↳ ②竞业限制对于劳动者来说是义务，对于用人单位来说是权利，因此企业对于自己的权利有处分权，放弃也是一种处分权，也就是说用人单位可以不再要求劳动者承担竞业限制义务。但是根据《最高人民法院关于审理劳动争议案件适用法律若干问题的解释（四）》，在解除竞业限制协议时，劳动者有权要求用人单位额外支付3个月的竞业限制经济补偿。

↳ ③保密义务原则上属于附随义务，竞业限制协议属于约定义务。保密义务可能不涉及经济补偿，但竞业限制一般都涉及补偿问题。

↳ ④《最高人民法院关于审理劳动争议案件适用法律若干问题的解释（四）》第六条规定，当事人在劳动合同或者保密协议中约定了竞业限制，但未约定解除或者终止劳动合同后给予劳动者经济补偿，只要劳动者履行了竞业限制义务，企业应支付补偿。

↳ ⑤《最高人民法院关于审理劳动争议案件适用法律若干问题的解释（四）》第八条规定，劳动合同解除或者终止后，因用人单位的原因导致三个月未支付经济补偿，劳动者可以依法向人民法院请求解除竞业限制约定。

↳ ⑥根据《劳动合同法》第二十三条第二款的规定，对负有保密义务的劳动者，用人单位可以在劳动合同或者保密协议中与劳动者约定竞业限制条款，并约定在解除或者终止劳动合同后，在竞业限制期限内按月给予劳动者经济补偿。

温馨提示

回到开头的对话，人事认为只要在协议中约定劳动关系结束后，如果企业不支付补偿，则意味着也不再要求员工履行竞业限制义务，因此无须另行通知。对此，我们还是存在异议的。因为不支付经济补偿是一种消极的继续性行为，在双方未对不支付补偿的具体时间截点作出约定的情形下，可能导致义务人无法判断权利人的真实意图，因而双方发生分歧。建议企业在解除或终止劳动合同时，如果不再要求员工履行该义务，还是明确通知员工。

相关规定

CASE 067

《劳动合同法》

第二十三条 用人单位与劳动者可以在劳动合同中约定保守用人单位的商业秘密和与知识产权相关的保密事项。

对负有保密义务的劳动者,用人单位可以在劳动合同或者保密协议中与劳动者约定竞业限制条款,并约定在解除或者终止劳动合同后,在竞业限制期限内按月给予劳动者经济补偿。劳动者违反竞业限制约定的,应当按照约定向用人单位支付违约金。

《刑法》

第二百一十九条 有下列侵犯商业秘密行为之一,情节严重的,处三年以下有期徒刑,并处或者单处罚金;情节特别严重的,处三年以上十年以下有期徒刑,并处罚金:

(一)以盗窃、贿赂、欺诈、胁迫、电子入侵或者其他不正当手段获取权利人的商业秘密的;

(二)披露、使用或者允许他人使用以前项手段获取的权利人的商业秘密的;

(三)违反保密义务或者违反权利人有关保守商业秘密的要求,披露、使用或者允许他人使用其所掌握的商业秘密的。

明知前款所列行为,获取、披露、使用或者允许他人使用该商业秘密的,以侵犯商业秘密论。

本条所称权利人,是指商业秘密的所有人和经商业秘密所有人许可的商业秘密使用人。

第二百二十条　单位犯本节第二百一十三条至第二百一十九条之一规定之罪的，对单位判处罚金，并对其直接负责的主管人员和其他直接责任人员，依照本节各该条的规定处罚。

CASE 068

《劳动合同法实施条例》

第十六条　劳动合同法第二十二条第二款规定的培训费用，包括用人单位为了对劳动者进行专业技术培训而支付的有凭证的培训费用、培训期间的差旅费用以及因培训产生的用于该劳动者的其他直接费用。

第十七条　劳动合同期满，但是用人单位与劳动者依照劳动合同法第二十二条的规定约定的服务期尚未到期的，劳动合同应当续延至服务期满；双方另有约定的，从其约定。

《劳动合同法》

第二十二条　用人单位为劳动者提供专项培训费用，对其进行专业技术培训的，可以与该劳动者订立协议，约定服务期。

劳动者违反服务期约定的，应当按照约定向用人单位支付违约金。违约金的数额不得超过用人单位提供的培训费用。用人单位要求劳动者支付的违约金不得超过服务期尚未履行部分所应分摊的培训费用。

用人单位与劳动者约定服务期的，不影响按照正常的工资调整机制提高劳动者在服务期期间的劳动报酬。

第二十五条　除本法第二十二条和第二十三条规定的情形外，用人单位不得与劳动者约定由劳动者承担违约金。

CASE 069

《劳动合同法》

第二十三条 （具体内容参照 CASE 067）

第二十四条 竞业限制的人员限于用人单位的高级管理人员、高级技术人员和其他负有保密义务的人员。竞业限制的范围、地域、期限由用人单位与劳动者约定，竞业限制的约定不得违反法律、法规的规定。

在解除或者终止劳动合同后，前款规定的人员到与本单位生产或者经营同类产品、从事同类业务的有竞争关系的其他用人单位，或者自己开业生产或者经营同类产品、从事同类业务的竞业限制期限，不得超过二年。

轻松一刻

韩梅梅：总算到家了，感觉快碎了。我说小李子，足底按摩哪家强？

李　雷：不劳主人多言，小李子保证让您舒服到飞翔！

韩梅梅：接得还挺快……古人云封妻荫子封妻荫子，自从你觅得这差使后，竟要把我宝贵的周末也搭进去，快成疯妻了。

李　雷：娘子，挺住！等忙完这段，那老外一走，我就请年假陪你出去，这回咱不去铁岭，下江南可好？

韩梅梅：你刚才说什么？年假？再说一遍。

李　雷：不知道吧，年假！法定年休假！法定的！

韩梅梅：哼，还法定的。法定你没有年假！

李　雷：我读书少，你不要骗我。

韩梅梅：相关规定连续工作1年以上的人才享受年假。

李　雷：那就是说，再有几个月你就有年假了吧。我还得熬一年，还能不能一起出游了？

韩梅梅：别老想着玩，先好好工作吧。别让人家把你开了，法律可说的是连续工作，连续是什么意思你懂吧？这么规定其实也体现了一个价值取向，就是先奉献后享受。

李　雷：嗯，看来这规定还挺人性化的，比你对我还好。在你这我可是只奉献不享受呢。

韩梅梅：小声嘟囔什么呢，一会儿使劲点给我按摩啊。

李　雷：末将得令！